古代歷史文化研究輯刊

八 編

王 明 蓀 主編

第 8 冊

劉宋中書省研究

吳 明 訓 著

國家圖書館出版品預行編目資料

劉宋中書省研究／吳明訓 著 — 初版 — 新北市：花木蘭文化
出版社，2012〔民 101〕
目 2+158 面；19×26 公分
（古代歷史文化研究輯刊 八編；第 8 冊）
ISBN：978-986-254-969-8（精裝）
1. 中書省　2. 南朝史
618　　　　　　　　　　　　　　　　　　101014966

ISBN-978-986-254-969-8

9 789862 549698

古代歷史文化研究輯刊
八 編 第 八 冊　　　　　　ISBN：978-986-254-969-8

劉宋中書省研究

作　　者　吳明訓
主　　編　王明蓀
總 編 輯　杜潔祥
出　　版　花木蘭文化出版社
發 行 所　花木蘭文化出版社
發 行 人　高小娟
聯絡地址　新北市永和區中正路五九五號七樓
　　　　　電話：02-2923-1455／傳真：02-2923-1452
網　　址　http://www.huamulan.tw 信箱 sut81518@gmail.com
印　　刷　普羅文化出版廣告事業
初　　版　2012 年 9 月
定　　價　八編 22 冊（精裝）新台幣 35,000 元　　　版權所有‧請勿翻印

劉宋中書省研究

吳明訓　著

作者簡介

　　吳明訓，台灣省台南市人，1956 年生。畢業於輔仁大學歷史系（1979 年畢業）、東海大學歷史研究所（1983 年畢業）。曾任教私立道明中學教師（高雄市，1985 ～ 1987）、私立南榮工專講師（台南縣，1987 ～ 1989），現任私立永達技術學院講師（屏東縣，1989 迄今）。並曾兼任國立空中大學、國立屏東科技大學、高雄市立空中大學講師。歷年教授課程，包括：中國通史、中國近代史、中國現代史、中國文化史、台灣史、台灣文化史、台灣傳統戲曲等。

　　歷年參與之研究計劃，包括：《大鵬灣風景特定區之人文資料調查研究》（1999）、《屏東縣九如鄉三山國王廟調查研究規劃》（2002）、《屏東縣里港鄉藍家古厝調查研究規劃》（2002）、《高屏山麓：魯凱人文采風調查計畫》（2003）、《茂林國家風景區：排灣人文采風調查計畫》（2004）、《茂林鄉誌》（2007）、《鳥松鄉誌》（2008）、《琉球鄉文化資源調查研究計畫》（2008）等 ·曾撰有〈琉球鄉民的寺廟信仰類型探討〉一文（2009）及出版《高雄發展史三十六講》一書（2003）。

提　　要

　　劉宋中書省上承魏晉中書制度發展之遺緒，下開中書舍人於南朝專權用事及盛唐時的六押判事之先河。中書舍人的專權用事，肇始於劉宋中葉，至南齊永明年間的「四戶」而成熟，為南朝職官制度史上創新的特色。

　　劉宋的中書、尚書兩省高階層長官，大抵多為京口集團所獨佔，乃承東晉權臣用事之發展而來，到了宋文帝即位後，便與以門下省職官為主的門閥世族合作，壓制功臣元老的權勢，建立了皇室的絕對權威。孝武帝以後更加厲行君主獨裁，引用出身寒門的中書通事舍人，託以腹心之任，由近侍私臣的身分而掌握機要之職，然因政變頻仍而導致制度紊亂，劉宋王朝也因之而亡。南齊代宋，雖改其弊政，大抵仍沿襲其制度，中書舍人至此職權漸趨完備，雖仍為近侍之官，然其客觀地位已成，因此成為南朝制度上所獨創的特色，並影響了盛唐的三省制度。

　　魏晉之初的中書，原只有皇帝私人的秘書機構的性質，其後位望日隆，監令與侍郎遂由皇帝側近的「私臣」蔚為朝廷的「公職」；宋初復置中書通事舍人（七品），入值閣內，再度成為受皇帝差遣使役的「私臣」，宋孝武帝即位以後，遂以中書通事舍人為「腹心耳目」之寄，其下有由武官改用文吏的主書等僚屬，而在內殿成立新的直屬於皇帝的秘書機構（名義上仍隸中書省），於是，中書通事舍人擁有「威行內外」「亞於人主」的權勢，進而侵蝕了尚書省的行政權，一直到宋末蕭道成掌權以後，這種情況才有改變，但蕭齊政權成立，中書通事舍人的權勢又更加龐大，遂演成「四戶」權傾天下的局面。

　　劉宋 60 年間，三省間之權力地位有很大的變化，中葉以後雖中書監令、侍郎漸成為優崇之職，但中書通事舍人已由侍從的側近私臣而掌握機要之任，更進而侵蝕了尚書省的政事權。本論文研究重點，即在探討劉宋中書省的原貌，期做為研究南朝官制之素材。

致 謝 詞

　　本論文之完成要特別感謝在研究所期間，鄭欽仁老師以及毛漢光老師的指導，以及論文指導教授何啟民老師的大力指導和督促，讓論文得以順利完成。當然家人的支持也是完成本論文的動力，包括父親吳三復先生、母親蔡彩雲女士的全力栽培，而內子徐美珠女士長期以來對我的教學研究始終全力支持，在此一併感謝。

　　最後，要感謝花木蘭文化出版社給本論文一個出版的機會，讓筆者能為中國官制史的研究，盡一份拋磚引玉的綿薄之力。

目

次

凡　例

一、本論文之斷限，起自晉安帝元興三年劉裕主政時期，迄於宋順帝昇明三年蕭道成篡宋，前後計七十六年（公元 404～479）。

二、本論文中有關中書省各職官之考證，由於史書中僅有斷片的記載，為得完整的組織體系及職掌權限，乃將所披檢的零散史料加以編輯排比以穿索成線，分別加以敘述。

三、凡文中單稱卷若干者，皆指沈約所撰之宋書，以避文字之重覆；若引他書則標明書名，緊接其後再引宋書則亦標明書名。

四、凡文中引文稱卷若干、某某傳者，皆指其本傳。若稱「某某附傳」，大抵是指某人傳後所附之子孫、宗族等。若稱「某某傳附」，則為某氏某族之傳後附帶記載之人物，於宋書目錄中未記其姓氏者。

五、凡所引著作，〈〉表示論文或篇名，《》用以指雜誌刊物或論著。

第一章　前　言

　　魏晉南北朝為中國史上的大混亂時代，歷來研究中國政治制度史的學者，多僅單提漢唐，或合魏晉南北朝而通論之，如此固然可知中古政治制度發展的大勢，卻無法重建魏晉南北朝各朝代制度的本來面目，因此有必要作細部的斷代研究，才能確實明瞭制度運作的真相。

　　隋唐的三省制度是研究中國政治制度史的學者最喜歡提起的重要專題之一，而隋唐的三省制，其官名雖可溯源至漢代，然真正三省制的醞釀與成長，卻是在魏晉南北朝這三百多年中（公元 220～589）完成的。〔註1〕尤其就中書省而言，除了「中書」之名源於西漢之「中尚書」〔註2〕外，無論是組織成員、機構名稱、職掌權限都是肇始魏文帝黃初年間，原來不過是天子的秘書機構，歷兩晉南北朝而組織職權日益擴大，逐漸成為朝廷內重要的衙門，到了隋唐以後就正式被承認為宰相機構了。

　　劉宋中書省上承魏晉中書制度發展之遺緒，下開中書舍人於南朝專權用

〔註1〕　陳啓雲對於由兩漢、兩晉至劉宋的三省制度演變之沿革，曾有數篇論文特為討論，陳氏特重尚書省，而在其〈兩晉三省制度之淵源、特色及其演變〉的「引言」中論三省發展的全面歷程為：
兩漢重公卿及尚書（中書、門下尚未形成）；
魏晉重尚書及中書（門下已在發展）；
晉末宋初重尚書及門下（中書頗受摧殘）→此趨勢傳至北魏，是以北朝亦重尚書及門下（中書稍遜）；而南朝自劉宋中葉以後，中書權勢復興，舍人地位日益重要，於是形成南朝晚期的官制（門下、中書並重，尚書略遜）；
隋及初唐的制度猶近於北朝；至太宗以後，又兼採南朝制度，結果出現了集大成的唐代三省制。《新亞學報》三卷二期，頁 100。
〔註2〕　中尚書仍是尚書，所以漢之中書乃是由宦官所擔任的尚書。

事及盛唐時六押判事〔註3〕之先河，中書舍人的專權用事，肇始於劉宋中葉，至南齊永明年間的「四戶」而成熟，為南朝職官制度史上創新的特色。也深受其影響，如北魏「舍人省」的建置即是。〔註4〕宋初的中書、尚書兩省高階層長官大抵多為京口集團所獨佔，乃承東晉權臣用事之發展而來，到了宋文帝即位後，便與以門下省職官為主的門閥世族合作，壓制功臣元老的權勢，建立了皇室的絕對權威。孝武帝以後更加厲行君主獨裁，引用出身寒門的中書通事舍人，託以腹心之任，由近侍私臣的身分而掌握機要之職，然因政變頻仍而導致制度紊亂，劉宋王朝也因之而亡。南齊代宋，雖改其弊政，大抵仍沿襲其制度，中書舍人至此職權漸趨完備，雖仍為近侍之官，然其客觀地位已成，因此成為南朝制度上所獨創的特色，並影響了盛唐的三省制度。

　　而劉宋六十年間，三省間之權力地位有很大的變化，中葉以後雖中書監令、侍郎漸成為優崇之職，但中書通事舍人已由侍從的側近私臣而掌機要之任，更進而侵蝕了尚書省的政事權。本文研究的重點即在探討劉宋中書省的原貌，並作為日後繼續研究南朝官制的起步。

　　劉宋一朝中書舍人之得權用事，雖為三省制度變革之轉捩點，但過去之學者都僅於通論魏晉南北朝之官制時略加敘述而已，且止於敘述事實而鮮有詳加分析其背景者，加上大抵多以類書、政書等轉手記載為主要材料，欲得其中精義頗難。〔註5〕因此本文打算以正史傳紀為主，佐以類書等輔助材料，直接由人物事蹟探討其職權在官制上所扮演的角色，摒棄刻板地條文式的註

〔註3〕　《大唐六典》卷九，中書省・中書舍人條：
　　　　中書舍人掌侍奉進奏、參議表章。凡詔旨制敕及璽書冊命，皆按典故起草進畫，既下則署而行之……制敕既行，有誤則奏而改之。
　　　　按今中書舍人、給事中，每年各一人監考內外官使，其中中書舍人在省以年深者為閣老，兼判本省雜事，一人專掌畫，謂之知制誥。得食政事之食。餘但分署制敕，六人分押尚書六司，凡有章表皆商量可否，則與侍郎及連署而進奏。其闕當填以進字畫事繁，或以諸司官兼者，謂之兼制誥。唐志兼下有知字（頁15，總頁198）
　　　　此外孫國棟：〈唐代三省制之發展研究〉，《新亞學報》三卷一期，此文中對唐代中書舍人六押判事有詳盡之研究。
〔註4〕　鄭欽仁：《北魏中書省考》第三章「舍人者」一「中書舍人──兼論舍人省之建置」，對此問題有深入獨到之研究，其結論謂「由北魏設此官之背景、時間、人數及官號看來，當是模倣南朝之制度。」（頁101）
〔註5〕　類書所錄者大體是一朝中較特殊的材料，並非該朝代之通制，應當作「特殊個案」處理。

解，而作精密的細部研究，以求儘量鱉出劉宋中書制度實際運作的眞面目。

　　本文正文首先由追溯「中書」在漢代的淵源開始，並略述魏晉時期中書省之發展概況，以瞭解劉宋一朝中書舍人之得權用事，絕非是無中生有的創舉，是積漸而成自然發展所必然的結果。其次，由最高長官的中書監令到下級屬吏的主書、主事，扼要地論述中書省之職掌與組織，筆者主要目的在使中書省的組織體系能一目了然。另由正史中檢輯出曾任中書省各職位的人物事蹟，以逐項敘述該職位的職掌，並分析其身世背景，如此則可將劉宋中書省的組織與職掌，很清楚又很正確的表達出來。而用整章的篇幅來詳細分析中書舍人掌機要之由來。及中書舍人在官僚結構中的地位，希望能深入分析中書舍人如何在劉宋中葉從側近小臣而掌握政務實權的背景，最後以劉宋中書制度對後代（尤其盛唐舍人六押判事制度）的影響爲結論。

第二章　前代中書制度之發展

　　「中書」之名詞起源於漢武帝時的「中尙書」，而尙書之官，秦時已置，原只是在天子側近負責文書之授受，兼有收藏詔書的職責。但漢武帝想集中權力於一身，便使尙書直接掌握政事，因此，尙書之職權增大。此外，漢武帝還以宦官任尙書，於後廷通掌機密政事。《宋書》卷四〇〈百官志〉下有這樣的記載：

> 漢武帝遊宴後廷，始使宦者典尙書事，謂之中書謁者，置令、僕射。
> （頁 1245）

　　「中書」即「中尙書」，「中」是指宦者中人，即是以宦者擔任「尙書」職務之意（以宦者掌呈章奏），與秦二世胡亥時，趙高爲「中丞相」的意義相同。其正式名銜應該是「中書謁者令」，簡稱「中書令」。

　　漢朝中書之掌，據《漢舊儀補遺》所載應爲：

> 中書掌詔誥答表，皆機密之事……中書令領贊尙書，出入奏事，秩千石。[註1]

而《初學記》卷一一〈職官部上〉中書令九，亦云：

> 中書令，漢武所置，出納帝命，掌尙書奏事，蓋周官之任。初漢武遊宴後廷，公卿不得入，始用宦者典尙書，通掌圖書章奏之事。（頁624～625）

以上記載大致無誤。但尙書令與中書令之間，則有時而以中人爲之者，有廢中人而用士人者，有同時並置者，歷代以來眾說紛紜，頗有衝突之處。《續漢

〔註 1〕〔漢〕衛宏撰，〔清〕孫星衍校集：〈漢舊儀補遺〉卷上，頁 36，在《漢官六種》冊一中。

志》的注解有如下的記載：

> 尚書令，一人，千石。本注曰：「承秦所置。武帝用宦者，更爲中書謁者令。成帝用士人，復故。掌凡選署及奏下尚書文書眾事。」〔註2〕

《晉書》卷二四〈職官志〉：

> 案尚書本漢承秦置。及武帝遊宴後廷，始用宦者主中書，以司馬遷爲之。中間遂罷其官，以爲中書之職。（頁730）

《初學記》卷一一中書令條：

> 其後遂罷尚書，改置中書謁者令，盡用宦者。故沈約《宋書》〈百官志〉云：「中書本尚書官」，是也。（頁23a，總頁625）

《北堂書鈔》卷五七〈設官部九〉：

> 中書惣（總）……掌尚書事。本注曰：「漢書百官公卿表云：『孝武帝遊宴後宮，以宦者掌尚書，改爲中書謁者令，置僕射。凡宦者之職皆曰中。成帝建始四年，罷中書官，改中書謁者令爲中謁者令』」
>
> （頁1，總頁234）

筆者以爲問題之關鍵，在於對《續漢志》中「更」字的解釋不同而產生的。依徐復觀認爲「更」應讀去聲，即是在尚書令之外，再（更）設一中書令，實際上是一種疊床架屋的官職。而《晉書》以下諸說則因爲將「更」讀成平聲，由此便誤以爲中書之後，遂罷了尚書，更以爲有中書即無尚書，中書便在尚書的原地辦公。〔註3〕

而近人李俊在《中國宰相制度》一書中，也引用《晉書》之說，而有同樣的誤解，強調「中間遂罷其官……爲中書之職。」（頁70）又日本學者鎌田重雄在〈漢代尚書官〉一文中也作了同樣錯誤的解釋：

> 漢武帝在後宮遊宴，由於士人官僚無法出入後宮，因此以宦官執行尚書職務，遂罷尚書，置中書謁者令，於是尚書盡用宦者。〔註4〕

這都是因一字之差而衍生出來的誤解。以上各種說法，依筆者之推測應以徐復觀所論最爲合理可信。徐氏引《漢書》卷九三〈佞倖傳〉〔註5〕說明：

〔註2〕 《後漢書》志二六〈百官三〉，少府‧尚書令條，頁3596。

〔註3〕 徐復觀：〈漢代一人專制政治下的官制演變〉，《周秦漢政治社會結構之研究》，頁239。

〔註4〕 鎌田重雄撰，鄭欽仁譯：〈漢代尚書官〉，《大陸雜誌》，三八卷一期，頁28。

〔註5〕 《漢書》卷九三〈佞倖傳〉：
> 石顯……弘恭……皆少坐法腐刑，爲中黃門，以選爲中尚書。宣帝時任中（尚）

石顯弘恭之爲中尚書，似在宣帝以前；到了宣帝時，始一爲令，一爲僕射。因他兩人是宦官，原來的官職是中黃門……選爲尚書，即稱中尚書。……「中尚書」是全稱；所有僅稱「中書」的皆是簡稱。武帝遊宴後廷，懶於在平日正式聽政治事的地方，受由加官所平的尚書呈進的公文，〔註6〕所以使用可以出入後廷的宦官，執行尚書職務，這即所謂中尚書。中尚書依然是尚書，它之所以加一個「中」字，只是因爲由侍奉皇帝左右的宦臣所擔任。〔註7〕

另外關於「中書謁者令」，此一名詞之解釋也各有不同。徐復觀認爲：

謁者的官，屬於光祿勳；中黃門屬於內廷，而謁者不一定屬於內廷。中黃門用宦者，謁者並不用宦官。所以弘恭石顯，都是由中黃門選中尚書，而非由謁者選中尚書。我的推測，武帝從宦官中選用了中尚書……便又加上一個「謁者」的官銜；謁者「掌賓贊受事」；有了這個兼差，就便於和朝廷其他有關的人作公務上的連絡。因此，中書、中書令是本職，而中書謁者、中書謁者令，是把兼差連在一起的稱呼。〔註8〕

如果從官僚結構的職權分化及君主權力的絕對集權這兩個觀點來看，徐氏這種推測的可信度非常高。反之，鐮田重雄的解釋則爲：

漢初之宦官有中書謁者令。據《漢書》〈百官志〉之解釋：謁者屬光祿勳，掌賓贊受書（扶助賓客受天子之命，爲使者種種）；又據《續

〔註6〕 書官。恭明習法令故事，善爲奏請，能稱其職，恭爲令，顯爲僕射。（頁3726）
同註3所引徐文：

由武帝的置尚書四人，分四曹辦事，則尚書已由公文的收發機關，進而爲公文的處理機關，甚爲明顯。尚書處理公文的結果，並不經過丞相，而係直接送到皇帝……開始是由在皇帝左右的加官，代皇帝看尚書所處理的公事，並得由曹吏加以封駁的。……一般情況下，一切封奏事，都要經過尚書的。……軍國大事，都是通過尚書這一關卡以上達於吏民；僅有加官在皇帝左右的顧問，可以參加一點意見。（頁234～235）

在武帝未設中書以前，是由左右曹、諸吏，平尚書奏事。左右曹、諸吏，是加官，被加這種官的人，雖然成爲內臣，但究不若宦官之可以隨侍皇帝遊宴的方便；於是設中書官，代替了左右曹、諸吏的任務，使尚書的贊奏，直接由中書到皇帝手上；皇帝太忙或精神不濟時，便由中書代皇帝處理了；這是左右曹、諸吏所作不到的。中書是直接於皇帝的尚書；而原來的尚書未嘗不存在。（頁239）

〔註7〕 同註3，頁237～238。

〔註8〕 同註3，頁238。

漢書》〈百官志〉之本注，賓贊受事之外還掌上章報問（以章奏進呈天子，傳達天子的下問）。率此謁者的為謁者令，謁者若是中人也就是宦官，則稱為中謁者令，屬於少府。到武帝時加此中謁者令為中書謁者令，其意是說加中謁者令以尚書之職務為中書謁者令……以中謁者令領尚書之職務，是因為謁者本來掌「上章報問」，與尚書掌天子文書之職務近似之緣故。〔註9〕

鎌田氏此說與徐復觀所論最大的差異處在於徐氏認為「中書令」是本職而「謁者」是兼差，鎌田氏卻認為中謁者令為本職，而加以尚書之職務為兼差。筆者以為事實上應該是謁者只作「加官」應用，加於擔任尚書職務的宦官身上，以便出入於內外與朝廷百官連絡。其理由有三，一：「謁者」可以省掉，而逕稱為「中書令」〔註10〕不能省掉「中書」而只稱「中謁者令」，因為「中謁者令」是另一體系的官職，且直到漢成帝時才開始設置的；二：宦官原來應該是屬於內廷這一系統的，而非朝廷官僚體系中諸卿之一的少府。在西漢時（尤其漢初）宮廷之內，尚多士人直接為皇帝當差，光祿勳、少府即是。而少府所派遣的六尚與光祿勳所派遣的謁者也是士人身分。（內廷中盡用宦官是東漢以後的事）；三：尚書、中書職權之膨脹，都是漢武帝以後的事。尚書最初只不過是少府派遣在殿中主管收發文書並保管文書的人員而已。謁者「掌賓贊受事」的職責想必也很單純，《後漢書》〈百官志〉所載「上章報問」的職掌或許是漢武帝以後才有的。因此，在漢武帝以前，實在沒有在士人的謁者之外，另選宦官為謁者的需要，自然更無所謂「中謁者令」了。因此，鎌田氏「以中謁者令領尚書之職務」的說法是將本末倒置了。

昭帝時霍光以大司馬大將軍「領尚書事」秉政，不過是在形式上把中書令所領的職權接過來而已，一直到成帝建始四年（公元前29年）中書、中書令之存在如故。宣帝時為牽制霍光領尚書之權而置平尚書事；霍光死後，霍山領尚書事時，廢副封以削其權，特以御史大夫魏相為給事中，以掌握尚書，又更進一步使臣民的上書封事，不經尚書之手，而由中書官所掌握。霍氏誅滅後不再置領尚書事，由皇帝直接掌握尚書奏事，僅於宣帝臨崩時，遺詔再置領尚書事，為元帝輔政。

〔註9〕同註4。
〔註10〕所以司馬遷、石顯、弘恭等，在漢書中便都只稱「中書令」，而不必稱「中書謁者令」。

元帝時，中書宦官與領尚書事之外戚相勾結，以排斥士人的領尚書事。
〔註11〕元帝久不能作決定，士人企圖廢中書宦官，以士人的尚書令參預樞機
的努力失敗，且永光元年（公元前 43 年）以後即無領尚書事，而中書令石
顯完全掌握權力，連丞相、御史大夫都得依附於他。

成帝即位，以外戚王鳳領尚書事，放逐中書宦官，代掌權力，而尚書的
體制也大加改革。〔註12〕此後直到東漢都不曾再設中書之職，李俊《中國宰
相制度》一書所言「成帝時復置尚書，而中書不廢」的說法有誤。〔註13〕而
東漢又有所謂中宮謁者令，但已不是西漢中書所領的職務了，並且只服役於
宮廷之內，不參預政事，這是有別於另一系統的宦官。

中書之名雖淵源於漢武帝時之中書宦者；而其職掌之性質，實近承東漢
末年的秘書制度而來。〔註14〕《宋書》〈百官志〉下：

> 魏武帝爲王，置秘書令，典尚書奏事，又其任也。文帝黃初初，改
> 爲中書令，又置監，及通事郎，次黃門郎。（卷四〇，頁 1245）

中書制度之正式建立，當從此時開始，實際上這是爲了配合漢魏革命之際，
權力移轉的運用。曹操執政時期置「秘書令」，典尚書奏事，實爲「中書」之
任，卻又兼掌圖書秘記，曹丕篡漢後雖將秘書令改爲中書令（秘書另外自置
秘書監，並增置一丞分爲左右）；又置中書監，以秘書左丞劉放爲中書監，右
丞孫資爲令；但實質上不過是「分」建安時代秘書「起草詔書」之事屬之中
書，以別於秘書掌「藝文圖籍」之「一般著作」的職權而已。〔註15〕

《三國志》卷一四〈魏晉劉放傳〉：

> 魏國既建，與太原孫資俱爲秘書郎……文帝即位，放、資轉爲左右
> 丞。數月，放徙爲令。黃初初，改秘書爲中書，以放爲監，資爲令，
> 各加給事中，放賜爵關內侯，資爲關中侯，遂掌機密……明帝即位，
> 尤見寵任……太和末，吳遣將周賀浮海詣遼東，招誘公孫淵。帝欲
> 邀討之，朝議多以爲不可。惟資決行策，果大破之。（頁 457）

〔註11〕史高（外戚）、蕭望之、周堪（皆爲士人大臣），皆以領尚書事輔政。

〔註12〕漢成帝罷中書只留尚書，使尚書官制整備，職掌明確，王鳳領尚書事始有實
　　　　權。

〔註13〕李俊：《中國宰相制度》，頁 75。李氏誤將中謁者令與中書令之職權等觀。

〔註14〕據《晉書》〈職官志〉，東漢秘書監是在東觀掌圖籍著作之事，沿及三國，性
　　　　質未變。

〔註15〕同註13，頁 76。

又謂明帝臨終時：

> 帝寢疾……帝引見放、資，入臥內，問曰……帝納其言，即以黃紙
> 授放作詔……帝獨召爽與放、資俱受詔命。（頁 459）

由此可知，曹魏時代的中書監令，除了掌詔命之外，還可參決國家大政。後世中書監令在制度上的地位便是肇始於此時的。這時候的中書已不只是像最初的尚書那樣只管文書之收發的工作，而是居於禁中「起草詔命」，甚至更可參決軍國大政。魏晉以後更發展為成為詔令喉舌的機樞，到了隋唐以後更成為法制上宰相的正式衙門。

但是，中書監令原只是君主的私人秘書，其權勢完全來自君主的賦與，缺乏法制上的根據，只有在皇權伸張、君主意志得以被貫徹的時候，中書的機要權任才可以發揮，一旦君主失權，中書便退為閒散，但見其文采優遊而已，如曹魏初期的文帝、明帝兩位君主，都躬親政事，不太信任大臣，因此劉放、孫資等得以弄權，而明帝死後，齊王芳以八歲稚齡即大位，由大將軍曹爽輔政，中書監令的職權便衰弱下去了。等到司馬懿政變成功，誅曹爽及其同黨，掌握了政權，曹魏皇權更微弱，李豐被誅後，中書已隨君權之衰微而陵夷至極點。〔註 16〕

西晉初，司馬氏以魏朝權臣進而為新朝天子，重建了皇權，因而中書監令的權勢乃復振，中書於宮禁之內秉機要以制衡在外朝統百官的尚書（居內制外的尚有門下系統的職官），正是如此，才會有荀勗由中書令被轉為尚書令時說是被奪鳳凰池的故事。〔註 17〕

直到東晉初以前，在時人的心目中，其位望仍不很高，因此晉元帝以王導為中書監時，尚須溫詞慰藉，〔註 18〕為的是怕王導以中書監位卑望低而不肯就，但從此以後，中書監令便漸為執政重臣或權臣所必須兼領的官銜，成為宰輔兼帶的名號之一，其位望也隨之日益華貴，〔註 19〕由於執政重臣一身

〔註 16〕 參照陳啓雲：〈兩晉三省制度之淵源、特色及其演變〉，《新亞學報》，三卷二期，「十二、魏晉三省權勢變化之幾個階段」，頁 188。

〔註 17〕 《晉書》卷三九〈荀勗傳〉：
以勗守尚書令，勗久在中書（監），專管機事。及失之，甚罔罔悵恨。或有賀之者，勗曰：「奪我鳳凰池，諸君賀我耶！」（頁 1157）

〔註 18〕 《太平御覽》卷二二〇：
晉元帝以王導為中書監詔有「昔荀公曾從中書監為尚書令，人賀之，乃發志曰：奪我鳳凰池，卿諸人何賀也。願足下處之勿疑」之語。（頁 6，總頁 1263）

〔註 19〕 同註 16：「十五、中書監令性質之轉變及尚書權勢獨盛」，頁 201。

而兼爲尙書、中書兩省長官（有時更兼門下），因此使得中書秉機要而制衡尙書的作用便消失於無形，中書監令也就漸成華顯而無實權的虛位了。

中書監令雖並爲中書省之長官，但在法制上中書監之位望優於中書令，所以多有由中書令進爲中書監者，這似乎相當於錄尙書事與尙書令之關係，〔註20〕又李俊認爲中書令的主要職掌在於草擬詔書，而中書監則偏於行政事務，〔註21〕但那只是大略的情形而已，實際上並不盡然如此，本文第三章將會再予討論。

李俊論中書監令由草詔而參政：

> 中書監令在法制上職權，本僅爲奉旨作「詔辭」而已。申言之，即「辭」出自中書，而「旨」則決於君上，或上先與宰相商定之……但辭旨之間，本不容髮，而中書又復地在親密，遂常以草「詔辭」之故而得參與「詔旨」焉。所以，中書監令設置之始，劉放孫資輩使掌機密而決大政；至有「專任」之譏。江左以後，中書監令遂常以宰相領之。此其所以日重而頗居宰相之任也。〔註22〕

如此，中書職權除「起草詔書」外，當有繼承東漢宦官「內樞」職事的「典尙書事」，而東漢以宦官掌「內樞」，則是因襲西漢的典尙書事制度演變而成。〔註23〕若純就法制本義而言，草擬詔書不過筆札文采之事，「典尙書事」始爲眞正的政事權。所以，《晉書》〈百官志〉下，敍述中書職權是以典尙書事爲主，至於「掌詔命」事，不過於西省侍郎下附提一言而已：

> 魏武帝爲王，置秘書令，典尙書奏事，又其任也。文帝黃初初，改爲中書令，又置監，及通事郎，次黃門郎。黃門郎已署事過，通事乃奉以入，爲帝省讀書可。晉改曰中書侍郎，員四人。晉江左初，改中書侍郎曰通事郎，尋復爲中書侍郎。晉初置舍人一人，通事一人。江左初，合舍人通事謂之通事舍人，掌呈奏案章。後省通事，中書差侍郎一人直西省，又掌詔命。（卷四〇，頁 1245～1246）

此更足見魏晉時中書職權之本體在於「典尙書事」。在曹魏時中書有監令負責

〔註20〕錄尙書事是「職名」，尙書令是「官名」，而中書監皆「官名」。且錄令間位望之差較監令間爲大，尙書令有單拜者，錄尙書事則無單拜之例（南齊褚淵始單拜錄尙書事）。

〔註21〕同註13，頁 91。

〔註22〕同註13，頁 77。

〔註23〕同註6；徐復觀論西漢加官評尙書事。

起詔令及「典尚書事」，又有通事郎在黃門郎「已署事過」以後，「乃奉以入，爲帝省讀書可」；很明顯的，尚書所上奏的公文是經由黃門郎及通事郎之手而到達皇帝的手中，其過程中門下（包括散騎官）與中書兩系統的官員都有參與「典尚書事」的職權，對於公文內容（即政事）都發生了決定的影響力量。黃門郎在文書送給皇帝之前，可加署處理的意見，而通事郎奉入呈給皇帝，並可以代皇帝宣讀批閱；至於中書監令更因草詔及典尚書事的職責，而預聞「詔旨」之決定，如受皇帝信任的話，甚至可以參與軍國大事的重大決策。

西晉時除中書監令外，又將通事郎改爲中書侍郎，員額增至四人，其職權《宋志》及《晉志》皆未明白交代，然而由語意上可知似乎與曹魏之通事郎差不多。另外又新設了舍人及通事各一人，這是西晉時中書的最下層官吏。到了東晉初年，又將中書侍郎改回爲通事郎，不久又恢復西晉時中書侍郎的名稱，除了過去所有的職掌之外，另又演變成一種新職權——由於中書監令大都由宰相重臣所兼領，因此，以其次官的中書侍郎「直西省」，常住在中書省內值班，代中書監令處理中書省的日常庶務，連掌管詔令的職權，也就順理成章地移轉到中書侍郎。這便是中書侍郎地位日漸華貴的原因。東晉初年又合西晉初年所新置的舍人與通事而稱爲「通事舍人」，其職責在「掌呈奏案草」，這似乎與曹魏時通事郎的職權相類似，後來又將它廢了。而通事舍人之下又有主事管下級僚佐（吏），在東晉時期是由武官擔任，這是因通事舍人除了「掌呈奏案章」之外，還須「直閤內」，作爲皇帝的侍衛，因此其下僚的主事、主書便由武官擔任。

以上所敘述的乃是中書制度在劉宋以前發展的概況，而中書與門下（包括散騎官）兩大系統職官，從魏晉以來其事任即頗多相類，史書有關這些官職的記載，甚多含混不清之處。這便是因門下、中書同是於曹魏時以士人繼承東漢宦官「內樞」職事發展而來的結果，而其實際的職務權責尚未完全分化清楚。〔註24〕魏晉之時，中書、門下等「內樞」機構，雖已頗具權勢，但時望猶卑，且未脫君主私人近臣的色彩，所以在法制上雖有「典尚書事」的權任，卻只是以天子近臣身分去約制尚書，而非尚書省之上司。

〔註24〕如詔命手筆，本爲中書之職，而散騎常侍亦任之（見《初學記》卷一一引〈齊職儀〉，頁 28b，總頁 636）。門下、中書既均由漢代宮官職事發展而來，晉世二者猶屬內官，性質相近，自可隨宜委任，宮內機事遂轉以侍中及西省侍郎居其職。

第三章　劉宋中書省之組織與職掌

第一節　中書省組織架構

劉宋承魏晉舊制，中書省置中書監、中書令各一人，第三品；中書侍郎四人，第五品；中書通事舍人，員數不定，〔註1〕第七品；其下有主事、主書（可能又各有令史之名），員額不可考，第八品，東晉時用武官，至宋改用文吏；主書之下另有主書書吏，員額、品秩皆未見記載。〔註2〕

〔註1〕 據《文獻通考》卷五一〈職官考〉五，中書省舍人條，則爲四人。（頁464）

〔註2〕 《宋書》卷三〇〈百官志〉下，頁1245～1246。《宋志》只見主事而無令史、主書及主書書吏，但據《宋書》卷九四〈恩倖・王道隆傳〉：兄道迄，涉學善書，形貌又美……以書補中書令史。道隆亦知書，爲主書書吏，漸至主書。（頁2317）

又卷八三〈吳喜傳〉：（沈）演之門生朱重民入爲主書，薦喜爲主書書吏，進爲主圖令史……世祖以喜爲主書，稍見親遇。（頁2114）

卷七六〈王玄謨傳〉：民間訛言玄謨欲反……帝知其虛，馳遣主書吳喜公（即吳喜，本名喜公，宋明帝減爲喜）撫慰之。（頁1975）

卷八〇〈孝武十四王・永嘉王子仁傳〉：太宗遣主書趙扶公宣旨於子仁。（頁2066）

卷七二〈文九王・始安王休仁傳〉：上疾嘗暴甚，内外莫不屬意於休仁，主書以下皆往東府詣休仁所親信，豫自結納，其或直不得出者皆恐懼。（頁1873）

由以上各段史文可知，劉宋時代中書省的下屬吏確實有令史、主書、主書書吏等職稱。（主圖令史可能屬秘書省而不屬於中書省）。而「主事」唯見於《宋志》，據筆者推測，可能是因從武官改用文吏以後便增置或易名爲「主書」，而《宋志》或有脱漏未載的緣故。

又《大唐六典》卷九〈中書省・主書〉條引王道秀《百官春秋》云：

初，晉中書置主書，用武官，宋文帝改用文吏。齊氏尚書置主書令史，梁氏不置。陳氏中書置主書十人，去令史之名。（頁16，總頁198）

中書監令，魏、西晉時中書監令專掌詔令機要，記會時事，典作文書；凡密詔下州郡邊將皆不由尚書，東晉以來常以宰相兼領之，成爲宰輔重臣必然兼帶的名號，集內外權柄於一身，因而使得中書監令居內秉機要以制衡外朝尚書省的作用消失；加以君權不振，單拜中書監令者亦復優游無事。宋初，中書監令傅亮、謝晦挾其佐命元勳及新朝天子親信的威勢，「任總國權」〔註3〕而以中書省長官的身分控制詔命機要，最後演成廢立之局；其後執掌內樞機要的權力移至門下侍中，但中書監令仍維持著其作爲宰臣名號的崇高地位；中葉以後更喪失了其對中書省的督導權（如取消服親不得相臨的規定、中書舍人入值閣內直接受命於皇帝），選授漸流於輕率；宋末則爲了掩飾政變而刻意地安排，使得中書監令回復到元嘉時期那樣華貴，劉宋時代自元嘉以後，由於中書監令品位清華而無事任，乃成爲優禮大臣的名銜。《太平御覽》卷二二〇引〈宋泰始起居注〉，記載宋明帝以王景文爲中書令的詔文：

王言之織總司清要，中將軍丹陽尹王景文；夙尚弘簡情度淹粹，忠

規茂績實宣國道，宜兼管內樞以重其任，可中書令。（頁 3，總頁 1262）

實際上這只是用來優禮王景文的官樣文章而已（因王景文不太願意受任），中書監令已和權力中樞隔絕了。又中書監的地位較中書令崇高些，用人也較愼重，且多有先任中書令再轉爲中書監者；但監令之間職權無殊，儀制品秩大抵沒有太大的差別，兩者同爲中書省的長官，大抵資望較重者爲中書監，較輕者則爲中書令。

中書侍郎，中書監令的主要屬官，除協助中書監令處理詔命機要以外，其主要任務爲入直從駕。據《通典》卷二一〈職官〉三，中書令條論中書侍郎曰：

其職副掌王言，更入直省五日，從駕則正直從，次直守。（頁 125）

自東晉孝武帝起，中書監令既久爲宰臣所兼領，乃以省官（內廷的郎官）一人直西省，管司詔誥，謂之西省郎，常以諸散騎郎或中書郎爲之，此西省郎又可轉爲中書侍郎。〔註4〕但宋初又復置中書通事舍人，職司呈案奏章，侍郎

然而，《大唐六典》又有敍述主事的沿革之記載：

主事，魏氏所置。歷〔宋〕齊中書並置主事，品並第八。（頁 17，總頁 199）

綜觀各史書中的記載，或曰主書（主事）令史，或省略令史之名單稱主書（主事），實則一也；因此，筆者的推測應爲與歷史事實較接近者。

〔註3〕參照《宋書》卷四三〈傅亮傳〉，頁 1337。

〔註4〕參照同前註，頁 1336；及同書卷六〇〈王韶之傳〉，頁 1625

之任遂輕；尤其宋孝武帝以後，中書舍人更專掌詔誥，事任頗重，中書省原有的機要職權盡歸於中書舍人，權重當時，而中書侍郎乃閑散優游，純然為世族仕宦途中的一進階而已。

　　中書通事舍人，東晉初將通事與舍人合併而稱之曰通事舍人，後來又省去，至宋初始復置之。〔註5〕通事舍人之職本與侍郎沒有太大的差別，通事舍人省去則以侍郎兼其職，宋初復置之後，通事舍人的權力逐日漸膨脹，而侍郎之權轉卑。

　　以上三類中書省的成員（中書監令、中書侍郎、中書通事舍人），其本質皆為君主側近的侍臣，原無很嚴格的從屬關係，浸至元嘉時期，中書監令與中書侍郎的職權漸趨衰微，宋孝武帝以後，中書通事舍人遂開始活躍於政治舞台上，監令、侍郎品位雖高，但已成為「清」而不「要」的閑職，詔命機要的職權乃集中於通事舍人手中；於是，中書省下層屬吏的主事、主書（令史）及主書書吏，實際上都是歸通事舍人統轄，這些「吏」在中書省內執役，實際負責庶務的推行，劉宋時由武官改用出身寒微的文吏（多取善書法者為之）；偶而也有派遣主書出撫宣旨的例子，但劉宋之世地位仍低，除吳喜外並未見有受委任而專權擅勢者。〔註6〕

　　綜觀以上所論，可將中書省的組總體系以一表來顯示其關係，即：

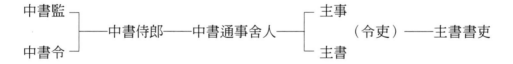

　　至於劉宋時代中書機構的單位名稱，是省、是臺、是署？史書及一般所見中國政治制度史者，經常多交代不清楚。《通典》卷二一〈職官〉三，中書省條：

　　　　中書之官舊矣，謂之中書省，自魏晉始焉。（頁124）

內藤乾吉：〈唐の三省〉也以為中書省是從魏開始的，〔註7〕筆者認為此說頗有商榷之餘地，因中書機構創始之初，中書監令仍只是君主的機要秘書性質，因而中書機構不可能龐大到稱為「省」的地步。到了西晉改通事郎為中書侍

〔註5〕　參照《宋書》卷三〇〈百官志〉下，頁1245～1246。
〔註6〕　《宋書》卷八三〈吳喜傳〉：
　　　　世祖以喜為主書，稍見親遇……喜，孝武世見驅使，常充使命。（頁2114～2115）
〔註7〕　內藤乾吉：〈唐の三省〉，《史林》一五卷四號，頁536。

郎，員額增爲四人，又置舍人一人，通事一人，將中書機構的編制予以擴充，但是否於此時稱「省」則不得而知。按「省」可解釋爲禁中、宮中，也可作爲公卿所居之處、官署解釋；前者見《漢書》卷七〈昭帝紀〉：

> 帝姊鄂邑公主益湯沐邑；爲長公主，共養省中。（注）伏儼曰：「蔡邕云本爲禁中，門闥有禁，非侍御之臣不得妄入。行道豹尾中亦爲禁中。孝元皇后父名禁，避之，故曰省中。」（頁217～218）

後者見《文選李善注》卷六〈左太沖魏都賦〉：

> 禁臺省中。
>
> 李善注引《魏武集》，荀欣等曰：漢制，王所居曰禁中，諸公所居曰省中。（頁6）

此外如《新唐書》卷四六〈百官志〉一：

> 其官司之別曰省、曰臺、曰寺、曰監、曰衛、曰府，各統其屬，以分職定位。（頁1181）

《宋書》傳紀中對這些機構的名稱也常有混亂的記載，令人不知所從。如尚書機構歷兩漢、魏晉的發展，到劉宋時已成爲全國的最高行政中樞，稱之爲「尚書省」應該是不容置疑的事實。但《宋書》中卻仍有「尚書寺」、「尚書臺」的記載，如卷六八〈武二王‧南郡王義宣附子愷傳〉：

> 義宣反問至，愷於尚書寺內，著婦人衣乘問訊車，投臨汝公孟顗。（頁1808）

卷八一〈顧琛傳〉：

> 尚書寺門有制，八座以下門生隨入者各有差，不得雜以人士。（頁2076）

又卷二七〈符瑞志〉上：

> 於是魏王受漢禪，柴於繁陽，有黃鳥銜丹書集于尚書臺，於是改元爲黃初。（頁779）

以上所引三段材料，關於〈符瑞志〉所載尚書臺，或許尚有其道理，因漢代尚書與御史、謁者合稱三臺。而其他兩段有關尚書寺的記載很明顯只是沿襲過去的習慣稱呼而已。〔註8〕

筆者檢輯所收集的史料，茲將有關劉宋時中書省的記載，擇其重要者列

〔註8〕 漢代尚書稱爲「寺」，《宋書》卷三九〈百官志〉上：漢官云……尚書寺居建禮門內。（頁1236）

舉如下：

《宋書》卷四三〈傅亮傳〉：

> 永初元年，遷太子詹事、中書令如故……入直中書省，專典詔命。
> 以亮任總國權，聽於省見客。（頁 1337）

卷六八〈武二王・彭城王義康傳〉：

> 其日敕義康入宿，留止中書省，其夕分收湛等……停省十餘日……
> 於省奉辭，便下渚。（頁 1792）

卷九二〈良吏・阮長之傳〉：

> 在中書省直，夜往鄰省，誤著履出閣，依事自列門下……（頁 2269）

《南齊書》卷一〈高帝本紀〉上：

> 明帝誅戮蕃戚，江州刺史桂陽王休範以人凡獲全……元徽二年五
> 月，舉兵於尋陽……朝廷惶駭。太祖（蕭道成）與護軍褚淵、征北
> 張永、領軍劉勔、僕射劉秉、游擊將軍戴明寶、驍騎將軍阮佃夫、
> 右軍將軍王道隆、中書舍人孫千齡、員外郎楊運長集中書省計議，
> 莫有言者……因索筆下議，竝注同。（頁 7，而《南史》卷四〈齊本
> 紀〉上，頁 99 亦同）

《宋書》卷六〇〈王韶之傳〉：

> 晉帝自孝武以來……以省官一人管司詔誥，任在西省，因謂之西省
> 郎……領西省事……恭帝即位，遷黃門侍郎，領著作郎，西省如
> 故……高祖受禪……黃門如故，西省職解，復掌宋書。（頁 1625）

卷四三〈傅亮傳〉：

> 義熙元年……直西省，典掌詔命……七年……復代演直西省……直
> 西省如故……以太尉參軍羊徽為中書郎，代直西省。（頁 1336）

卷六二〈羊欣附弟徽傳〉：

> 八年，遷中書郎，直西省。（頁 1662）

由此可知中書省（西省）之名稱，不但在劉宋已經存在，且中書省亦為典掌詔
命的機構，甚至為文武大臣與當權的近臣集議軍國大政的地方，因為中書省是
軍國大政的最高決策單位與命令中心，其法制上的地位已直追尚書省，筆者因
此推斷至少在劉宋時已將「中書省」作為中書機構的單位名稱。因此，劉宋又
有所謂「五省官」「三臺五省」的說法，如《宋書》卷六三〈沈演之附子統傳〉：

> 先是五省官所給幹僮不得雜役。（頁 1687）

卷五一〈宗室傳〉：

> 瑾弟祇字彥期，大明中爲中書郎。太宰江夏王義恭領中書監，服親不得相臨，表求解職。世祖詔曰：昔二王兩謝，俱至崇禮，自今三臺五省，悉同此例。（頁1465）

又齊初也有「三臺五省」的稱呼，如《南史》卷二三〈王華附從弟琨傳〉：

> 齊高帝即位，領武陵王師，加侍中。時王儉爲宰相，屬琨用東海郡迎吏，琨使謂曰：「語郎，三臺五省，皆是郎用人，外方小郡，當乞寒賤，省官何容復奪之。」遂不過其事。（頁628）

「三臺五省」可能是當時用以泛指朝廷中央級文官機構的通稱。如《宋書》中有關「臺官」、「臺省」、「臺省官」、「臺府」、「殿省」、「宮省」、「朝省」等材料多不勝枚舉。若作狹義解釋，依筆者淺見，則劉宋「三臺」是指御史、謁者、都水〔註9〕三個機構，而「五省」則指尚書、中書、門下、秘書、集書（散騎）〔註10〕等五大機關。但是，秘書省的性格與中書省相近，集書省則不但在性格

〔註9〕《宋書》卷六〈孝武帝本紀〉：
（元嘉三十年）十二月甲戌，省都水臺……（頁113）
（孝建元年）十一月癸卯，復立都水臺。（頁116）
卷四〇〈百官志〉下：
謁者僕射一人，掌大拜授及百官班次。領謁者十人。謁者掌小拜授及報章……晉武帝省僕射，以謁者隸蘭臺。江左復置僕射，後又省。宋世祖大明中，復置。（頁1252）
又同卷，謁者僕射條及都水使者條相繼繫於御史中丞條之後（頁1250～1252）。在這三條之前是領軍將軍以下的宮廷侍衛（頁1247～1250），其後是太子太傅以下的東宮官屬（頁1252～1255）。可見這三類官的性質相接近，因此《宋志》乃並列加以敘述，而可視爲「三臺」（其機構的單位名稱都是「臺」）。
〔註10〕劉宋時代除尚書、中書、門下三省外，又有秘書省、集書（散騎）省的名稱。如《晉書》卷八二〈徐廣傳〉：
孝武世，除秘書郎典校，秘書省增置省職，轉員外散騎侍郎，仍領校書。（頁2158）
《宋書》卷九四〈恩倖‧阮佃夫傳〉：
景和末，太宗被拘於殿內，住在秘書省……太宗猶在秘書省，不被召。（頁2312）
卷七九〈文五王‧武昌王渾傳〉：
往散騎省戲，因彎弓射通直郎周朗，中其枕，以爲笑樂。（頁2042）
卷六九〈范曄傳〉：
（孔熙先謀反，下獄）上奇其才，遣人慰勞之曰：「以卿之才，而滯於集書省，理應有異志。此乃我負卿也。」（頁1826）
《大唐六典》卷八〈門下省〉：
宋置散騎常侍四人，亦以加官久次者爲祭酒，領六散騎焉。又置集書省領之。

上近於門下省，在法制上更文屬於門下省，處於半獨立狀態（至梁朝始完全脫離門下省）；因此，也有學者以爲秘書、集書於劉宋之世雖號稱爲「省」，但恐怕只是含糊指機構的意思，而非機構單位的名稱即爲「省」。〔註11〕

　　除了前考各正式納入中書省組織內的成員外，另配屬有近乎僕役身分的「幹僮」，如前引《宋書》卷六三〈沈演之附子統傳〉所載「五省官所給幹僮」即是，在中書省內以供驅使，《宋志》未見記載，當屬流外者也；其性質有若現在各機關中的工友，但地位則不及。

　　附圖　劉宋建康圖（參照《建康實錄》、朱偰《南朝建康總圖》）

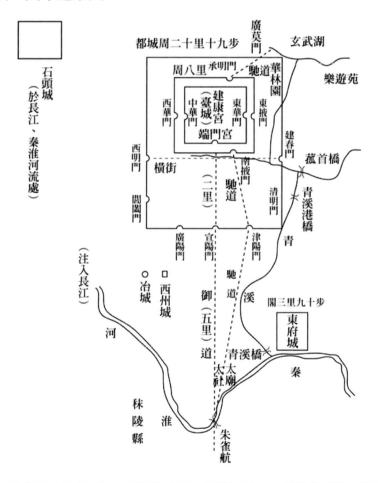

（頁18，總頁176）

〔註11〕如鄭欽仁：《北魏官僚機構研究》第一編第一章第二節〈前代之秘書制度〉及該節註3（頁26～30），認爲宋齊秘書省機構的名稱當爲「秘書寺」，直到梁朝才改爲「秘書省」。

第二節　中書省內部職權之調整

「中書」之名雖源於漢武帝時，但中書制度之正式建立，是爲了配合漢魏革命之際權力移轉的運用；而其職掌乃承繼曹操執政時期所置「秘書令」（以士人擔任之，除典尚書奏事外又兼掌圖書秘記）而來，〔註12〕魏文帝曹丕篡漢後，改「秘書」爲「中書」並置監令，其後歷經兩晉南北朝的發展演變，中書省的組織，遂有監、令、侍郎、通事舍人，以及主書、主事（令史）、主書書吏諸屬官，北魏且有中書議郎、中書博士、中書助教、中書學生之制。〔註13〕

雖然在法制上，中書省最主要的職務爲起草詔書及參決大政，詔誥之事爲大帝國發號施令（尤指以文書頒行者）之必然政務，參決大政則屬議政範圍，該項職務類似顧問性質，故特由文士當之；但是，本質上只是皇帝私人的秘書機構，用以代替從前的尚書省，不久，中書也和過去的尚書一樣，由皇帝左右典文墨的小官蔚爲「省」之機構；《文獻通考》卷五一〈職官考〉五，中書省舍人條注，對此特有詳細的記職：

> 按後漢章和以後，尚書爲機衡之任，尚書郎含香握蘭，直宿於建禮門，太官供膳，奏事明光殿，下筆爲詔誥，出語爲誥令。曹公爲魏王，置秘書令，則秘書之職近密，尚書之職疏遠。魏文帝初改秘書爲中書，自後歷代相沿，並管樞密。（頁 465）

這表示接近皇帝之官易於得權，歷代的情形都相同。

魏晉之初，中書原來只是君主的私人秘書，頗爲君主所寵任，並以此身份居中樞以制衡外朝的尚書，因此，中書監令又號爲「鳳凰池」。而且，中書既是地居樞近又萬機要密，故可便宜行事，以皇帝秘書機構的名義逕下密詔。《太平御覽》卷二二〇引〈環齊要略〉云：

> 中書掌內事，密詔下州郡及邊將，不由尚書者也。後關百事，益重。
>
> （頁 6‧總頁 1263）

當時的詔令雖由中書起草或由尚書進畫而以中書「典尚書奏事」，但仍須經由尚書省完成法制上的程序，才能具有「詔敕」的法律效力，最初唯有因軍情緊急、事須機密的緣故，而逕由中書下州郡、邊將的密詔例外，後來又擴大至「關百事」——即一般政務也多由中書直接以「中詔」下之，而臣下奏事

〔註12〕參照本文第二章有關曹魏中書制度之部份。

〔註13〕有關北魏中書省之制度，參照鄭欽仁：《北魏中書省考》，台大文史叢刊之一四。

也有不上尚書而逕詣中書者。〔註14〕在君主專制政體下，皇帝的意志是人世間最高的權威，也是一切法律命令及政府權力的根源。甚至可以說天下乃其一姓一家之私產，爲了集權的方便，自可任意破壞政府的制度·中書之權任遂因之而益重，出納詔命的職權便由尚書令僕移至中書監令手中。至於其他的中書省屬官，如通事郎（中書侍郎）、通事、舍人等，則負責將「章奏」等文書奉入呈給皇帝，有時並代皇帝「省讀書可」（即幫皇帝看公文、宣讀內容及秉承皇帝的旨意代爲批答），但只是擔任一些屬於處理文案形式方面居多的事務性職務，尚未涉及政務性的職務。由於中書監令太受親任，故魏明帝時蔣濟上疏，建議分任眾官以明左右壅塞之蔽，《三國志》卷一四〈蔣齊傳〉：

> 遷爲中護軍，時中書監令號爲專任，濟上疏曰：「大臣太重者國危，左右太親者身蔽……夫大臣非不忠也，然威權在下則眾必慢上，勢之常也。陛下既已察之於大臣，願無忘於左右；左右宗正遠慮未必賢於大臣，至於便辟取合或能工之。今外所言輒云中書，雖使恭慎不敢外交，但有此名猶惑世俗，況實握事要，日在目前，儻因疲倦之間有所割制，眾臣見其能推移於事，即亦因時而向之，一有此端，因當內設自完，以此眾語，私招所交，爲之內援……臣竊亮陛下潛神默思，公聽並觀……豈近習而已哉！然人君猶不可悉天下事以適己明，當有所付，三官任一臣，非周公旦之忠，又非管夷吾之公，則有弄機敗官之弊。當今柱石之士雖少，至于行稱一州，智效一官，忠信竭命，各奉其職，可並驅策，不使聖明之朝有專吏之名也。」

（頁 452～453）

從西晉到東晉初年，中書監令人選與職權益重，嘗以宰相兼領，且自王導助晉元帝建業江左以後，權臣執政兼領中書監令遂爲常制，則中書監令亦爲當時宰相的名號之一。《太平御覽》卷二二〇引〈晉書王獻之爲中書令啓瑯瑘王爲中書監表〉云：

> 中書職掌詔命，固非輕才所能獨任，自晉建國，常命宰相參領。中興以來，益重其任，故能王言彌徽，德音四塞。（頁 1～2，總頁 1261）

又《北堂書鈔》卷五七引，〈王洽集·辭中書令表〉云：

〔註14〕《晉書》卷四六〈李重傳〉：
時燕國中正劉沈舉霍原爲寒素，司徒府不從，沈又抗詣中書奏原，而中書復下司徒參論。（頁 1311）

竊以中書職掌機管，有由來矣……歷代時宜，拜參遂重，武帝朝荀勗、張華爲其任，中興以來，宰相居也。（頁 2，總頁 234）

《初學記》卷十一引〈齊職儀〉云：

中書令……江左更重其任，多以諸公兼之，（頁 23b，總頁 626）

如此一來，則「行政」與「牽制」的力量皆集於一人身上，其牽制的作用自然等於零，中書監令乃逐漸變成華而不實的虛號，中書機構之議事也曾一度被省併入散騎省，宮內機事乃轉由門下官及西省郎居其職。晉孝武帝以省官一人管司詔誥，常住西省謂之「西省郎」，除選用中書侍郎外，亦多由門下各官兼任之，至東晉末年劉裕崛起之後，更以其心腹僚屬傅亮等人爲西省郎而入直西省，控制晉朝廷方面的詔命機要。

中書監令起初雖號爲專任，但位望猶卑，時人仍多以左右佞倖目之，但東晉以來由於宰臣多兼領中書監令的結果，使中書監令的聲望大爲提高，而躋於重臣之列。又中書之職原既掌管詔令機密，故居監令之位者除位望日益華顯以外，尚須以文義優長不洩內事爲重，〔註 15〕故渡江後，中書的職權既漸轉入門下及西省郎之手，單拜中書監令者亦優游無事，唯有宋初的傅亮、謝晦爲中書監令才得以發揮中書省長官應有的權勢，傅亮爲中書令時，既「入直中書省，專典詔命」，且「於省見客，神虎門外每旦車常數百輛」，其權勢至少有一大半來自中書令當無置疑，這是因劉宋王朝初建，一時之間尚無任

〔註 15〕《太平御覽》卷二二〇引〈晉中興書〉云：

肅祖以溫嶠爲散騎常侍侍講，太寧初，手詔曰：「卿既以令望忠允之懷著於周旋，且文清而旨遠，宜居深密，令欲以卿爲中書令，朝論咸以爲宜。」（頁 2，總頁 1261），

又《初學記》卷一一引〈晉陽秋〉略同。

又云：

王洽字敬和，顯宗時王洽爲中書令，帝曰：「敬和清裁，昔爲中書郎，吾尚小，數呼見，意甚親之，今以爲中書令，欲共講文章之事也。」（頁 2，總頁 1261）

同書同卷引〈晉書〉云：

王獻之爲中書令，少而標邁，不循常貫，文義並所不長，而能撮其勝會，故爲一時風流之冠。（頁 1，總頁 1261）

同書同卷引〈晉諸公贊〉云：

華廙爲中書監，時事多不洩。（頁 6，總頁 1263）

《晉書》卷七九〈謝安附孫混傳〉：

少有美譽，善屬文……歷中書令。（頁 2079）

蓋筆札著錄乃中書之要職，而參決大政的議政權則爲君主所特別賦予者，故中書官於君主權力衰微之際，多退而以文義行世。

何勢力可與劉裕的皇權相抗衡的緣故；但也都兼領其他政、軍要職，並非完全單憑中書監令即可「任總國權」。宋文帝即位以後，爲了壓抑功臣元勳過於顯赫的權勢，又將詔命機密之任轉歸門下省（其成員大抵多爲門閥世族），自傅亮被誅以後，即未見擁有實權的中書監令了。元嘉年間，中書監令的地位雖仍華顯，但常虛懸未置，且多依東晉慣例由執政大臣兼領之，更開創了逕以他官入住「中書下省」，控制詔命機關代行其職權的先例；〔註 16〕又如王弘因寢疾而屢乞骸骨，反加太保領中書監之尊號，其年薨，遂以爲贈，則此官之逐漸流於閑散亦可知也。〔註 17〕中葉以後，中書監令之冗散更甚，甚至有以凡劣或稚齡的親王任之者（如武昌王渾、始平王子鸞、盧江王褘等），直到劉宋末季，中書監令的選授又逐漸隆重，爲配合政權的轉移乃以之專授門閥世族，作爲籠絡人心的政治工具；但在實際職權方面，中書監令一直都與政治權力絕緣。故《太平御覽》卷二二○引〈陶氏職官要錄〉云：

> 中書監……自宋以來，比尚書令、特進之流，而無事任，清貴華重，太位多領之。（頁 6，總頁 1263）

綜觀以上所述，可以看出中書監令之地位與職權發展的趨勢——最初只是天子側近的私臣，其性質爲皇帝私人秘書，被視爲左右佞倖，卻又專掌機密重任（「要」而不「清」）；而躋於宰臣之列（「清」而且「要」）；更進一步流爲閑散之官（「清」而不「要」）；劉宋中葉雖差一點淪爲冗官，但一直到宋亡，依然爲世族所樂居的清官美職，因此〈陶氏職官要錄〉的說法極爲正確。

　　中書侍郎則自西晉以來即爲濟顯之職，人選頗重，有時特詔選舉或公車徵拜。如《晉書》卷三四，〈羊祜傳〉：

> 文帝爲大將軍，辟祜未就，公車徵拜中書郎侍郎。（頁 1014）

又《太平御覽》卷二二○引〈魏志〉云：

> 明帝詔舉中書郎，謂吏部尚書盧毓曰：「得其人與不，在盧生耳。選舉莫取有名，有如名畫地作餅不可噉也。」毓舉韓曁，敦篤至行，帝乃用之。（頁 6～7，總頁 1263～1264）

其主要任務雖在於入直從駕，但由於本身是中書省的副長官，有時也須協助中書監令處理詔命文書，因此，中書侍郎純爲掌文翰之侍從官，與門下省的黃門

〔註 16〕　參照《宋書》卷四二〈王弘傳〉，卷六三〈殷景仁傳〉；及本文第四章第二節。
〔註 17〕　見《宋書》卷四二〈王弘傳〉，頁 1321～1322。並參照陳啓雲：〈劉宋時代尚書省權勢之演變〉，《新亞學報》四卷一期，頁 169。

侍郎性質不同，從其冠服的形式即可看出端倪，根據《宋書》〈禮志〉的記載，中書監令給五時朝服、進賢兩梁冠，佩水蒼玉；中書侍郎給五時朝服、進賢一梁冠；中書通事舍人給四時朝服、武冠；侍中、散騎常侍給五時朝服、武冠，貂蟬，侍中左、常侍右，皆佩水蒼玉；給事中、黃門侍郎、散騎侍郎等皆給五時朝、武冠；而進賢冠乃文儒者之所服，其梁數隨貴賤而定，武冠則爲武官所服，凡侍臣則加貂蟬。〔註 18〕因此黃門侍郎與中書通事舍人在本質上同爲皇帝的侍衛故服武冠，由於不領兵而直接爲皇帝當差，所以與武人出身的諸將不同，特選文士充任。至於《大唐六典》卷九〈中書省、中書侍郎〉條所云：

> 晉氏每一郎入直西省，專掌詔草，更直省五日。（頁 12，總頁 196）

所指的應該是晉孝武以後的事。當時因中書監令因由宰相兼領而成爲華而不實的虛銜，故中書侍郎乃以「西省郎」的名義「專掌詔草」，至劉裕專政時期其權力達到最高峯。東晉時省通事舍人，專任西省郎，但宋初又復置中書通事舍人，漸使其專掌詔誥，事任頗重，而中書侍郎之任遂輕。〔註 19〕因此，終劉宋之世，中書侍郎一直都是「清」而不「要」的美職，唯元嘉以前選授較重，多以出身世族的資深文官擔任中書侍郎；大明以後即漸雜選寒門小姓及武將出身者，世族或宗室出任中書侍郎的年齡也比元嘉時降低，但大抵上仍不失爲「清官」之列。

中書省內部職權之調整，其發展趨勢可大致分成兩個階段：初則中書監令尙書令、僕射而掌機要，繼則中書省內部之中書通事舍人權重，不但尙書諸曹職事爲其替代（時又省「錄尙書事」），即中書監令與侍郎之權亦因之被剝奪殆盡。唯通事舍人之職原與侍郎無殊，東晉時省中書通事舍人，則以中書侍郎代其職，宋初復置通事舍人之後，侍郎之權轉卑。《通典》卷二一〈職官〉三，中書令條論中書舍人曰：

> 宋初又置中書通事舍人四員，入直閣內，出宣詔命，凡有陳奏，皆舍人持入參決於中，自是則中書侍郎之任輕矣。（頁 125）

又《大唐六典》卷九〈中書省、中書舍人〉：

> 自魏晉詔誥皆中書令及中書侍郎掌之，至梁舍人爲之。（頁 14，總頁 197）

《六典》之說實有另加商榷的必要：自宋孝武帝以後，中書通舍人已見重用，

〔註 18〕參照《宋書》卷一八〈禮志〉五，頁 503～514。

〔註 19〕《宋書》卷三○，〈百官志〉下，頁 1246。

專管內務權威極重，一切詔勅施為悉由其裁決，連宰輔大臣也積相畏服，但通事舍人尚未具有法制上的正式職權；因此，宋齊政權交替之際，多由中書監令與中書侍郎負責與禪讓有關的詔誥冊命。可見至少直到宋亡之前，起草詔誥的正式職權應由中書監令及中書侍郎所執掌，通事舍人之專權用事乃是對法制的破壞；必須等到梁朝以後，才有中書舍人五人領主書十人、書吏二百人，分掌二十一局，也是要到這時候才在制度上正式將掌管詔誥的職權交由中書舍人負責，《六典》所述正是這種意義——制度與事實在時間上總會有一段差距的。

第四章　中書監令

第一節　晉末宋初中書監令用人之重

　　論劉宋之中書省制度，須由東晉末安帝義熙年間，劉裕專政時期談起。

　　東晉末年，孫恩爲亂，三吳殘破，而朝政又敗壞於會稽王司馬道子與元顯父子之手。桓玄乃憑藉荊楚的實力，於元興元年三月（402）舉兵東下，掌握朝廷武力中堅──北府兵的領袖劉牢之投降桓玄，導致王師敗績京城淪陷，司馬元顯父子先後被殺，桓玄取得政權，劉牢之又因兵權被奪而復叛，但因已失信於部屬，終被迫亡命自殺。元興二年十二月（404）桓玄篡晉自立，國號楚，元興三年二月（404），曾追隨劉牢之剿滅孫恩之亂的劉裕，結合北府兵諸將佐劉毅、何無忌等於京口起義討逆，滅桓氏復晉祚，劉裕因作戰英勇頗得北府人心而被推爲盟主，遂憑其軍勳掌握朝政，開拓了以武力主政的新里程。

　　而以劉裕爲盟主，參與京口、廣陵首義志士二百七十二人，加上起義後陸續加盟者共一千八百四十八人，再加劉裕幕府中的將佐屬吏；其中大部份是京口及淮泗一帶出身寒微的武人（原北府兵舊部），也有少部份是門閥世族的子弟，形成一個集團。〔註1〕在這集團中孟昶、劉毅、何無忌三人地位僅次於劉裕，最爲崇高，其次爲劉道規（劉裕少弟）、諸葛長民、魏詠之、檀憑之、

〔註1〕 陶希聖於〈南朝士族之社會地位與政治權力（上）──劉宋（公元420～479）〉一文中，稱之爲「京口集團」。《食貨月刊》復刊四卷八期，頁 1～37，總頁 317～353。又上引之數字，見《宋書》卷一〈武帝本紀〉上，劉裕於義熙二年十月之上書，頁 13。

劉藩等人。此外如劉穆之、徐羨之、傅亮、謝晦、王弘、檀道濟、王鎮惡、
沈田子、沈林子、鄭鮮之……等將佐都是這一集團的核心幹部。而劉宋王朝
建立時，則以徐羨之爲領袖，又演變成劉宋的功臣集團。

　　劉裕得勢之初，以控制州郡權力爲急務，乃自爲使持節、都督揚、徐、
兗、豫、青、冀、幽、并八州諸軍事、徐州刺史，〔註2〕以方鎮開府而掌軍權。
此時劉裕雖建立了倡義復興的大功，但以出身微賤，資望尚淺，還不敢直取
揚州，而推王謐（琅邪王氏，王導之孫，當時朝中官位最高且門第最崇，爲
桓玄佐命功臣）以中書監、散騎常侍領司徒而加侍中、領揚州刺史、錄尚書
事，於朝廷主政。〔註3〕又以威禁內外，整肅東晉以來的朝廷亂政，裁抑豪強，
誅王愉、王綏父子（太原王氏，爲江左冠族）等〔註4〕以立威刑，再保全王謐
〔註5〕以樹恩德。而王謐等在朝大臣及四方牧守，或爲桓玄佐命，或盡心伏事，
均已失民望而莫不愧懼萬分，在劉裕以恩威相挾之下，更是群情震懾，豈敢
不俯首聽命？

　　義熙年間一切軍國大政悉出自劉裕霸府，〔註6〕孟昶、劉穆之、徐羨之等

〔註2〕　見《宋書》卷一〈武帝本紀〉上，頁9。
〔註3〕　王謐事見《晉書》卷六五〈王導附孫謐傳〉，頁1758～1759。
〔註4〕　王綏是尚書左僕射王愉之子，出身於東晉最高門第的太原王氏，元興二年十
　　　　二月（404）桓玄篡位，以王愉爲尚書僕射，王綏爲中書令，《晉書》卷七五
　　　　〈王湛附玄孫愉傳〉：
　　　　玄篡位，以爲尚書僕射……愉既桓氏壻，父子寵貴，又嘗輕侮劉裕，心不自
　　　　安，潛結司州刺史溫詳謀作亂，事洩被誅，子孫十餘人皆伏法。（頁1970）
　　　　又同卷〈王綏附傳〉：
　　　　桓玄之爲太尉，綏以桓氏甥甚見寵待，爲太尉右長史。及玄篡，遷中書令……
　　　　坐父愉之謀，與弟納並被誅。（頁1973～1974）。
〔註5〕　《宋書》卷一〈武帝本紀〉上：
　　　　初高祖家貧，嘗負刁逵社錢三萬，經時無以還，逵執錄甚嚴，王謐造逵見之，
　　　　密以錢代還，由是得釋。高祖名微位薄，盛流皆不與相知，唯謐交焉。桓玄
　　　　將篡，謐手解安帝璽綬，爲玄佐命功臣。及義旗建，眾並謂謐宜誅，唯高祖
　　　　保持之。劉毅嘗因朝會，問謐璽綬所在，謐愈懼。及王愉父子誅……謐懼，
　　　　奔于曲阿。高祖牋白大將軍，深相保謐，迎還復位。（頁10）
〔註6〕　「霸府」一詞見於《南齊書》卷二五〈虞玩之傳〉：
　　　　太祖鎮東府……引爲驃騎諮議參軍，霸府初開，賓客輻湊。（頁607～608）
　　　　又《南史》卷一九〈謝裕附孫朓傳〉：
　　　　明帝輔政，以爲驃騎諮議領記室，掌霸府文筆。又掌中書詔誥，轉中書郎。（頁
　　　　533）
　　　　《北史》卷二二〈崔挺附從子季舒傳〉：
　　　　文襄輔政……以魏帝左右，須置腹心，擢拜中書侍郎……靜帝報答霸朝，恆

先後以劉裕幕僚的身分兼尚書僕射等晉朝中央官而執政，劉裕則逐步擴張他所領的州郡與所都督的軍權，並安置黨羽部屬掌握政、軍要職，以心腹僚屬傅亮、滕演、羊徽、王韶之等相繼入直西省掌機要詔命，本身則坐鎮起義武力之根據地且離京城建康很近的京口而隱操朝政。義熙三年十二月（408）王謐死，四年正月（408）被徵召入輔，代王謐爲揚州刺史、錄尚書事（仍兼原所領州）。〔註7〕劉裕終於自己掌握了朝政，完成對軍、政大權的整體控制。〔註8〕

與季舒論之……雖迹在魏朝，而歸心霸府，密謀大計皆得預聞。（頁 1184～1185）
《晉書》卷七八〈孔愉、丁潭、陶回傳〉論：
史臣曰：孔愉父子曁丁潭等，咸以篠蕩之材，邀締構之運，策名霸府，聘足高衢，歷試清階，遂登顯要，外宣政績，內盡謀猷，罄心力以佐時，竭股肱以衛主，並能保全名節，善始令終。（頁 2066）
而《南史》、《北史》及《晉書》都完成於唐朝，可見最晚於唐朝以前已有「霸府」一詞。而瞿蛻園在〈歷代官制概述〉一文中，對於魏晉南北朝的「霸府」曾有以下之論述：
魏、晉王朝都由手握軍事力量的權臣逐步建立。他們有一批手下人物組成一套機構，完全在正規官制以外自由行使職權。因爲這是一個非常時期，軍、民、財政不再各成系統，只要爲了軍事上的便利，都可以打破常規。自從魏、晉開此先例，直到南北朝，一般制度都是由不穩定的臨時措置而逐漸成爲習慣的。歷史上稱這些權臣所獨自掌握的政權爲「霸府」，霸府的中心人物就是幕僚與將領。及至霸府變爲王朝，幕僚組成的機構就變爲行政中樞，將領所統帥的武力就變成常設的軍隊。而這兩者之間又是沒有嚴格界限的，所以形成一種軍事與政治合一的局面。（《歷代職官表》，頁 6）
劉裕主政之後其幕府實已取代了東晉朝廷，而其麾下將佐所領的軍隊即是東晉武力之精英。筆者特借用「霸府」一詞來表達以劉裕爲核心的政治集團，已完全掌握東晉政府之理念。
〔註7〕《宋書》卷四二〈劉穆之傳〉：
義熙三年，揚州刺史王謐薨，高祖次應入輔，劉毅等不欲高祖入，議以中領軍謝混爲揚州。或欲令高祖於丹徒領州，以內事付尚書僕射孟昶。遣尚書右丞皮沈以二議諮高祖……具說朝議……穆之曰：「……公今日形勢，豈得居謙自弱，遂爲守藩之將邪？劉、孟諸公，與公俱起布衣共立大義，本欲匡主成勳以取富貴耳。事有前後故一時推功，非爲委體心服宿定臣主之分也，力敵勢均終相吞咀。揚州根本所係，不可假人。前者以授王謐，事出權道，豈是始終大計必宜若此而已哉。今若復以他授，便應受制於人。一失權柄無由可得……公至京，彼必不敢越公更授餘人明矣。」高祖從其言，由是入輔。（頁 1304～1305）
劉裕不取京口同志的二議，既秉朝政又領揚州，由集體領導變爲個人專權。
〔註8〕檀憑之於元興三年進攻京城之役陣亡，魏詠之病死，義熙六年盧循犯江州，何無忌敗亡，劉毅率大軍南征又大敗而歸，孟昶懼而自殺。京師危急，劉裕迅速回京佈署防衛，拒退盧循對京師的進犯，以弟道規經略荊州，並肅清了

　　筆者所檢輯的史料中，在劉裕專政時期，只發現謝混、袁湛、傅亮（宋國之中書令）曾任中書令的記載，在職期間都不長，其餘的大部分時期並未見有任中書令者，若非官闕即是史料闕。謝混是謝安的孫子，為陳郡陽夏謝氏在東晉末年素望最高者，劉裕誅王緒後乃以謝混為中書令。《晉書》卷七九〈謝混傳〉：

> 混字叔源。少有美譽，善屬文……歷中書令、中領軍、尚書左僕射領選。以黨劉毅誅，國除。及宋受禪，謝晦謂劉裕曰：「陛下應天受命，登壇日恨不得謝益壽奉璽綬。」裕亦歎曰：「吾甚恨之，使後生不得見其風流！」益壽，混小字也。）（頁 2079）

又據萬斯同之〈東晉將相大臣年表〉，可得知：謝混為中書令的時期是在元興三年三月（誅王緒之後），到了義熙二年（406）即遷為領軍將軍〔註9〕（若依本傳則為中領軍），在中書令之職約兩年（404～406）。義熙六年五月（410），孟昶死後謝混繼任為尚書左僕射，至義熙八年九月（412），因與劉毅結黨而被收殺於獄中，其年齡不詳，故其任中書令時年紀亦不可考。劉裕受晉恭帝禪位時，也頗以不能由謝混奉璽綬而引以為憾。

　　義熙五年三月（409），劉裕開始北伐鮮卑慕容超，到六年二月（410）平定山東，並回師剿滅盧循之亂。此時，其功勞已是空前的了，因此，當義熙七年正月（411），劉裕凱旋回京時，便受命為太尉、中書監。《宋書》卷二〈武帝本紀〉中：

> 七年正月己未，振旅于京師。改授大將軍、揚州牧，給班劍二十人，本官悉如故，固辭……二月……天子又申前命，公固辭。於是改授太尉、中書監，乃受命、奉送黃鉞，解冀州。（頁 27）

按：在此之前，朝廷已兩度進劉裕為太尉、中書監，一次在義熙五年九月（409）（見卷一〈武帝本紀〉上，頁 17），北伐慕容超圍困其首都廣固時；另一次在六年六月（410）（同卷，頁 21）拒退盧循對京師的進犯時。依《宋書·武帝

桓氏在荊州的殘餘勢力，義熙七年四月（411）完全剿滅盧循之亂。八年九月（412）收劉藩、謝混於獄賜死，十月襲殺劉毅，十一月派朱齡石伐蜀，九年七月（413）平定四川，十一年正月（415）又伐司馬休之（晉之宗室，時為荊州刺史），休之與魯宗之兵敗北奔。以弟道憐坐鎮荊州，長江上游的勢力也進入其掌握之中。其餘的實力者都是劉裕的將佐，對他都竭力效忠，而功勳較重者，北伐長安後又死亡殆盡，因此，徐羨之便成為功臣之首。

〔註9〕　萬斯同：《歷代史表》卷一五，頁 18b～19a。

本紀》之記載，劉裕的反應都是「固辭」而未接受。〔註10〕

太尉乃三公官之一，雖無實權，但地位極尊崇，皆用以處元勳重臣。而中書監則自東晉初年王導居之以來，已成為居相位者所必兼領的官銜。陳啟雲在〈兩晉三省制度之淵源、特色及其演變〉一文中，舉三省長官互兼之事例，計有：

（一）錄尚書與中書監令互兼者：王導、庾亮、庾冰、何充、會稽王昱、謝安、司馬元顯、王謐、劉裕。

（二）尚書令與中書監令互兼者：東海王越、和郁、王導、司馬元顯。

（三）尚書僕射兼門下中書事者：裴頠、傅祗、謝安。

自王導助晉元帝建業江左，集內外權柄於一身以後，此項互兼遂為常制，變成晉世相權之一種新型態，〔註11〕其優點為事權統一行事便宜，缺點則為相權過重致有專擅之嫌，這種相權新型態經東晉一百多年的發展，演成了一項政治慣例。中書之職既在牽制行政官，今反為行政官所兼領，其牽制之職能自消失於無形。〔註12〕

劉裕為太尉，而袁湛為其長史，後來，劉裕乃以袁湛為中書令。卷五二〈袁湛傳〉：

> 袁湛字士深，陳郡陽夏人也。祖耽，晉歷陽太守，父質，琅邪內史，並知名。湛少為從外祖謝安所知，以其兄子玄之女妻之……義旗建，高祖以為鎮軍諮議參軍……出為高祖太尉長史，遷左民尚書，徙掌吏部。出為吳興太守，秩中二千石，蒞政和理，為民吏所稱。入補中書令。（頁 1497）

由袁湛之遷官過程，可以推算其任中書令約在義熙十年（414）左右；萬斯同：〈東晉將相大臣年表〉，頁 20，記載袁湛為中書令也是在義熙十年。袁湛入補中書令又再出為吳國內史，義熙十二年（416）又轉任尚書右僕射。當時劉裕

〔註10〕同註 2，頁 17、21。第二次並加黃鉞，劉裕只受黃鉞，餘固辭。但實際上可能有問題。義熙六年十月，劉裕率劉藩、檀韶等南征盧循時，以劉毅「監太尉留守府，後事皆委焉」，則此時劉裕已受太尉之任自無可疑，而中書監可能也一起受任。

〔註11〕從王導到劉裕，由所有居相職者可歸納出幾個共同兼領的官職：錄尚書事（資望淺者先居尚書令、僕射）、中書監（資望淺者為中書令）、揚州刺史（功勳重者為揚州牧）、重號將軍（如大將軍、驃騎、車騎等將軍號）、資望更重者再加三公官位，幾乎沒有例外者。

〔註12〕陳文第十三節、第十四節，頁 193～197。

兼領中書監，而實際在處理「詔命」職務的是那些直西省的朗官，所以袁湛補中書令，只不過是中書省名義上的長官。〔註13〕

義熙十二年五月，劉裕準備北伐，乃解中書監；同年十月攻下洛陽，晉帝下詔進位相國、揚州牧，封宋公，至此禪代的局面已成，因相國「總百揆」，便無兼領中書監的必要了。

從這一年起，直到宋武帝永初三年（416～422），劉裕死，少帝義符即位，傅亮由尚書僕射、中書令、太子詹事，進爲尚書令、中書監，與徐羨之、謝晦等共受遺詔輔政，其間並未有居中書監者。而在這以前，傅亮雖受劉裕信賴而任總國權，但因資望還不足，只是以中書令入直中書省而已。自義熙元年（405）起，傅亮便以員外散騎侍郎入直西省，典掌詔命，爲劉裕安插在中書省內的親信；卷四三〈傅亮傳〉：

> 傅亮字季友，北地靈州人也。高祖咸，司隸校尉；父瑗，以學業知
> 名，位至安成太守……義旗初，丹陽尹孟昶以爲建威參軍。義熙元
> 年，除員外散騎侍郎，直西省，典掌詔命。（頁 1335～1336）

後因從征關、洛的功勞，而在宋國初建時（義熙十四年六月，418），劉裕以令書除爲侍中領世子中庶子，再徙中書令領中庶子如故。〈傅亮傳〉：

> 亮從征關、洛，還至彭城。宋國初建，令書除侍中、領世子中庶子。
> 徙中書令，領中庶子如故。從還壽陽。高祖有受禪意而難於發言，
> 乃集朝臣宴飲……群臣唯盛稱功德莫曉此意。日晚坐散，亮還外乃
> 悟旨，而宮門已閉，亮於是叩扉請見，高祖即開門見之。亮入便曰：
> 「臣暫宜還都。」高祖達解此意，無復他言，直云：「須幾人自送？」
> 亮曰：「須數十人便足。」於是即便奉辭……至都，即徵高祖入輔。
> （頁 1336～1337）

義熙十二年十月（416）攻下洛陽，晉帝詔劉裕進位相國，封十郡爲宋公。策宋國置丞相以下，一遵舊儀。（卷二〈武帝本紀〉中，頁36～41）則宋國初建當在此時，且又載此時「置宋國侍中、黃門侍郎、尚書左丞郎，隨大使奉迎。」（同書同卷，頁41）但同卷又有義熙十四年六月（418）「受相國宋公九錫之

〔註13〕 袁湛死於義熙十四年（418），享年四十歲，若其爲中書令確實在義熙十年的
話，則當時其年紀爲三十六歲。因他「入補中書令」後，接著又再「出爲吳
國內史」，義熙十二年即「又轉任尚書右僕射」；義熙十年至十二年的短短三
年間，他的官職有三次調動，且一度出任地方長官，由此可推想他在中書令
職務的期間必十分短暫。

命……以太尉軍諮祭酒孔季恭爲宋國尙書令……其餘百官悉依天朝之制」（頁
44～45）的記載，因此劉裕是到這時候才正式接受相國、宋公的封賞，也開
始建置宋國百官，在此之前劉裕雖未正式接受，但朝廷的文書已稱他爲相國、
宋公。到底應採用何者又頗難決定，若與〈傅亮傳〉對比則似乎以十四年六
月較合理。因傅亮從劉裕還壽陽，應該是在元熙元年七月（419），劉裕進爵
爲王，增封十郡，遷都壽陽之時。（〈武帝本紀〉中，頁 45）而元熙二年四月
（420），徵劉裕入輔，六月，至京師受禪。如上所述，傅亮爲中書令當在義
熙十四年六月以後，或是元熙元年初以前這段期間內。〔註 14〕傅亮此時的正
式官銜是宋國的中書令、領世子中庶子，因此可由劉裕以「令書」直接除授。
自宋國建立後，禪代日迫，晉朝廷百官自然漸被架空。必須是宋國的中書令
才會有權，也因此可受劉裕的委任而還郡，迫使晉帝早日禪位。傅亮爲宋國
中書令前已頗掌機要，因而自北征廣固後至于受命，「表策文誥，皆亮辭也。」
（〈傅亮傳〉，頁 1337）

　　劉裕即位之後的永初元年（420），傅亮遷太子詹事，中書令如故。〈傅亮
傳〉：

> 入直中書省，專典詔命。以亮任總國權，聽於省見客。神虎門外，
> 每旦車常數百兩。（頁 1337）

何以傅亮權力如此龐大？是因他以中書令入直中書省專典詔命的緣故，這在
東晉孝武帝以來是由西省郎所擔任，傅亮未任中書令以前即長期擔任這職
務，現在他任中書令，職務仍未變，只是權威更擴大了。而且劉裕是以權臣、
方鎭的雙重身分進而爲新朝天子，劉宋王朝成立，一時之間已無任何勢力足
與中央相對抗，傅亮既久典樞要之任，又有擁立大功，既爲新朝廷的中書令，
自然可「任總國權」了。而傅亮既「入直中書省」又「於省見客」，可見新朝
天子的劉裕（宋武帝）對他信任之專，竟特准他長住宮廷內的「中書省」（其
衙門當在神虎門內），並讓他在那裏辦公接見百官；因此，每天早上神虎門外
常會有數百輛車等著，這種情形正表示有不少的訪客（主要是文武官僚）來
求見或接洽政務，由這一點便可說明傅亮權力之龐大及其地位之顯赫。

　　永初二年（421），傅亮轉爲尙書僕射，仍兼任中書令、太子詹事如故；
其勢力又更加強化了，不但專典詔命又領行政權力，朝中群臣除徐羨之外已
無出其右者。所以當永初三年（422），劉裕病重時乃以他和徐羨之、謝晦同

〔註14〕傅亮於元嘉三年（426）被誅，年五十三歲，則其任中書令時約爲四十六歲。

受顧命而輔政。少帝即位，因其地位已是輔政的元勳重臣了，乃更進爲中書監、尚書令；而他們三人權位之隆已凌駕君權之上，演成「號令己出，廢殺隨心」的地步，君臣的權力衝突日益緊迫，景平之禍也就無法避免了。

傅亮進爲中書監之後，由謝晦繼爲中書令，並兼領軍將軍，受顧命爲少帝輔政；廢少帝後，徐羨之以錄命使出鎮荊州，領重兵爲外援。

謝晦出身於陳郡陽夏謝氏，謝安兄謝據的曾孫，初爲孟昶建威府中兵參軍，孟昶死後因劉穆之的推薦而入劉裕幕府中爲太尉參軍。卷四四〈謝晦傳〉：

> 晦美風姿善言笑，眉目分明鬢髮如點漆，涉獵文義朗贍多通；高祖深加愛賞，群僚莫及。從征關、洛，內外要任悉委之……宋臺初建，爲右衛將軍，尋加侍中。高祖受命，於石頭登壇，備法駕入宮。晦領游軍爲警備，遷中領軍、侍中如故……版免晦侍中。尋轉領軍將軍、散騎常侍，依晉中軍羊祜故事，入直殿省總統宿衛……少帝即位，加領中書令，與羨之、亮共輔朝政。少帝既廢，司空徐羨之錄詔命，以晦行都督荊、湘、雍、益、寧、南北秦七州諸軍事、撫軍將軍、領護南蠻校尉、荊州刺史，欲令居外爲援，慮太祖至或別用人，故遽有此授。精兵舊將悉以配之，器仗軍資甚盛。太祖即位，加使持節依本位除授。（頁 1348）

謝晦久在劉裕幕中隨軍從征，是最受親任的僚佐之一，軍中的機密要任全委仗他，因此劉宋王朝成立，便將總統宿衛的重任賦予他，少帝即位後並加領中書令，與中書監傅亮共掌詔命職權，而其權勢竟與徐、傅二人不相上下，可見此時中書令的職權因謝晦爲輔政大臣而得以發揮；其實謝晦權勢主要是來自領軍將軍所統率的宿衛，這也是劉裕臨終時誡訓太子，對徐、傅、檀等人皆認爲不足爲憂，唯獨對謝晦不放心的原因。〔註 15〕謝晦爲中書令共兩年（422～424）的時間，而於元嘉三年（426）被誅，死時年三十七年，因此他任中書令時的年齡爲三十三歲。

自曹魏以來，筆札著錄乃中書本職，而政事權則爲君主所持別賦與的，故中書官於君主權力衰微之際，多退守本職而以文義行世，因此單拜中書長

〔註 15〕《宋書》卷三〈武帝本紀〉下：
（永初三年）五月，上疾甚，召太子誡之曰：「檀道濟雖有幹略而無遠志，非如兄韶有難御之氣也。徐羨之、傅亮當無異圖，謝晦數從征伐，頗識機變，若有同異必此人也，小却可以會稽江州處之。」（頁 59）

官亦復優游無事。中書既非政柄之所在，其權勢當自基於尚書機構。因此劉裕北伐時，劉穆之、徐羨之相繼掌留任，總軍國全權，二人除監領府事外，均兼尚書僕射及京畿將尹之任，並沒有兼中書官，此亦可見其時中書職事之無足輕重。由於中書監令已成為華顯而無實權的虛銜，因此傅亮、謝晦輔政所依憑的實權是基於他們是尚書省的長官（傅亮為尚書令，至元嘉元年（424）又領護軍將軍；〈傅亮傳〉，頁 1337），及兼領中央禁衛軍（謝晦為領軍將軍）而來的。少帝在位的兩年中（422～424），由於他們的權威極重，乃得以發揮中書監令最大的職權，控制了「詔命」的機要權力（雖然「詔命」的主動權在於輔政的權臣而非年少的皇帝）。〔註16〕從此以後直到劉宋王朝滅亡為止，都不曾再出現像這樣握有實權的中書監令了。

自劉裕專政以來，任中書監令者若非貴族（王謐、謝混、袁湛、謝晦）即為重臣（劉裕、傅亮、謝晦），用人極為隆重；但不論他們是否掌權，其權勢絕非來自中書監令，這或許是仍受到東晉相權新型態的影響吧！

第二節　元嘉時期中書監令地位之變化

永初三年五月癸亥（422），宋武帝崩，少帝即位，徐羨之、傅亮、謝晦以元勳重臣受顧命而輔政，由徐羨之為首揆，其官職為司空、錄尚書事、散騎常侍、揚州刺史；傅亮為尚書令、中書監，景平二年（424）又領護軍將軍；謝晦則為領軍將軍，加領中書令，三人同為宰輔而權勢威望又不相上下，乃

〔註16〕《宋書》卷四三〈徐羨之附兄子佩之傳〉：
　　　　景平初，以羨之秉權，頗豫政事。與王韶之、程道惠、中書舍人邢安泰、潘盛相結黨與。時謝晦久病，連炙，不堪見客。佩之等疑其託疾有異圖，與韶之、道惠同載詣傅亮，稱羨之意，欲令亮作詔誅之。亮答以為：「己等三人，同受顧命，豈可相殘戮，若諸君果行此事，便當角巾步出掖門耳。」佩之等乃止。（頁 1335）
　　　　徐佩之等都是徐羨之的心腹黨徒，其權力來源完全依憑著徐羨之，所以他們能藉徐羨之的名義，強迫傅亮作詔誅謝晦。像這種誅戮輔政大臣的大處分，竟然可不經皇帝的裁決，逕以「錄命」由中書監作詔行之，可見當時君權已完全受制於輔政大臣。程道惠雖為侍中，但所秉承的是錄公徐羨之的命令，而非皇帝的旨意。但徐羨之的「錄命」須經傅亮同意，由中書省完成「作詔」的程序，才能取得「詔命」的法律地位與效力。如此則傅亮對政務決策擁有很高的發言權，而兼尚書令使他也獲得相當份量的行政權力。所以徐佩之想矯徐羨之「錄命」誅謝晦時，必須要由傅亮作詔，而不能逕由其他的中書省官員為之。

形成集體執政的局面。但他們只是想握權自固並無覬覦皇位的野心，[註17]少帝與盧陵王義真兄弟倆，以帝王之尊講文治習武備，[註18]對他們構成了嚴重的威脅，不得已乃行廢立之舉。徐羨之拒絕了擁立幼王的建議，[註19]而奉迎較年長英明的文帝；傅亮與謝晦也都深自結納文帝的心腹舊僚，冀求免禍。卷四三〈傅亮傳〉：

> 少帝廢，亮率行臺至江陵奉迎太祖。既至，立行門於江陵城南，題曰「大司馬門」。率行臺百僚詣門拜表，威儀禮容甚盛。太祖將下，引見亮，哭慟甚，哀動左右。既而問義真及少帝薨廢本末，悲號嗚咽，侍側者莫能仰視，亮流汗沾背，不能答。於是布腹心於到彥之、王華等，深自結納。（頁1337）

《南史》卷二五〈到彥之傳〉：

> 彥之自襄陽下，謝晦已至鎮，慮彥之不過己，彥之至楊口，步往江陵，深布誠款，晦亦厚自結納。（頁675）

又《宋書》卷四四〈謝晦傳〉：

> 至江陵，深結侍中王華，冀以免禍。二女當配彭城王義康、新野侯義賓，元嘉二年，遣妻曹及長子世休送女還京邑。（頁1349）

傅亮、謝晦見文帝年紀雖輕但英明強幹，[註20]王氏兄弟又以舊僚親信而受

[註17] 這是連他們的政敵也加以承認的事實。《宋書》卷六三〈王華傳〉：
太祖入奉大統，以少帝見害，疑不敢下。華建議曰：「羨之等受寄崇重，未容便敢背德，廢主若存，慮其將來受禍，致此殺害。蓋由畏生情多，寧敢一朝頓懷逆志。且三人勢均，莫相推伏，不過欲握權自固，以少主仰待耳。今日就徵，萬無所慮。」太祖從之，留華總後任。（頁1676）

[註18] 《宋書》卷六一〈武三王‧盧陵孝獻王義真傳〉：
義真聰明愛文義，而輕動無德業。與陳郡謝靈運、琅邪顏延之、慧琳道人並周旋異常，云得志之日，以靈運、延之為宰相，慧琳為西豫州都督。徐羨之等嫌義真與靈運、延之暱狎過甚，故使范晏從容戒之，義真曰：「靈運空疎，延之隘薄，魏文帝云鮮能以名節自立者。但性情所得，未能忘言於悟賞，故與之遊耳。」（頁1635～1636）
又景平二年范泰於退休時所上諫少帝的封事說：「伏聞陛下時在後園頗習武備，鼓鞞在宮聲聞于外，黷武掖庭之內；諠譁省闥之間……」。而少帝雖沒有採納，也不加以譴責，可見所言並不假。（《宋書》卷六○〈范泰傳〉，頁1619）

[註19] 《宋書》卷四三〈徐羨之傳〉：
扶帝出東閤，收璽綬。群臣拜辭，衛送故太子宮，遷於吳郡。侍中程道惠勸立第五皇弟義恭（當時年紀才十二歲），羨之不許。（頁1332）

[註20] 《南史》卷一五〈傅亮傳〉：
少帝廢，亮奉迎文帝……及至都，徐羨之問帝可方誰？亮曰：「晉文、景以上

寵任，乃極力巴結王華等人以便向皇室靠攏，甚至還有悔懼求退的意思。〈傅亮傳〉：

初，奉迎大駕，道路賦詩三首，其一篇有悔懼之辭……亮自知傾覆，

求退無由，又作辛有、穆生、董仲道讚，稱其見微之美。（頁 1341）

元嘉二年正月（425），徐、傅二人上表歸政，文帝始得親覽（文帝即位之初，將政事全委仗徐、傅二人）。徐、傅二人雖上表歸政，文帝却三辭才接受，但仍詔徐、傅二人攝任。〔註 21〕然而，文帝內心中實在無法忍受這種君臣間的權力衝突，更時時刻刻不忘兩位兄長受廢殺的仇恨。乃暗中引用原藩府中的親信舊僚王華、王曇首等居門下省以掌機密之任，並兼典宿衛，更以到彥之爲中領軍掌中央軍權，這些措施的用意即在潛分徐、傅之勢。

文帝入繼大統之初，因怕徐、傅對他有所不利，因此安排王華坐鎮荊州總留任，而以到彥之權鎮襄陽，作爲後援，徐羨之等便想乘勢以到彥之爲雍州刺史，免得他入中央掌握軍權。到彥之若爲雍州刺史，則可由荊州刺史謝晦加以監督控制；但文帝不許，而徵到彥之爲中領軍，委以戎政；〔註 22〕徐、傅也無法阻止。後來收誅徐、傅與討伐謝晦的武力，即是以到彥之爲主力。又文帝謀誅徐、傅的處分與詔書，黃門侍郎謝嚼（謝晦之弟）可參預而得知，身爲中書監的傅亮却事後才知道。〔註 23〕由此可見「詔命」的主動權已漸回

人。」羨之曰：「必能明我赤心。」亮曰：「不然。」（頁 443）

〔註21〕《宋書》卷四三〈徐羨之傳〉：
太祖即祚，進羨之司徒，餘如故……有司奏車駕依舊臨華林園聽訟，詔曰：政刑多所未悉，可如先二公推訊。元嘉二年，羨之與左光祿大夫傅亮上表歸政……上未許。羨之等重奏……上猶辭。羨之等又固陳……上乃許之。羨之仍遜位退還私第，兄子佩之及侍中程道惠、吳興太守王韶之等並謂非宜，敦勸甚苦，復奉詔攝任。（頁 1332～1333）

〔註22〕《南史》卷二五〈到彥之傳〉：
彥之佐守荊楚，垂二十載，威信爲士庶所懷。及文帝入奉大統……會雍州刺史褚叔度卒，乃遣彥之權鎮襄陽。羨之等欲即以彥之爲雍州，上不許，徵爲中領軍，委以戎政。（頁 674～675）

〔註23〕《宋書》卷四三〈徐羨之傳〉：
爾日詔召羨之。行至西明門外，時謝晦弟嚼爲黃門郎，正直，報亮云：「殿內有異處分。」亮馳報羨之。（頁 1334）
同卷〈傅亮傳〉：
元嘉三年，太祖欲誅亮，先呼入見，省內密有報之者，亮辭以嫂病篤，求暫還家。遣信報徐羨之，因乘車出郭門，騎馬奔兄迪墓。屯騎校尉郭泓收付廷尉，伏誅。時年五十三。初至廣莫門，上遣中書舍人以詔書示亮，幷謂曰：「以公江陵之誠，當使諸子無恙。」（頁 1337～1338）

到君主本身了。而掌機要之任者便是新君親信的門下諸官，因此中書監專典
詔命之權乃受到門下諸官削奪。徐、傅等終於勢敗，歸政後一年，即元嘉三
年正月（426），爲文帝所誅戮。

謝晦出鎮荊州之後直到元嘉八年臨川王義慶爲中書令（424～431），七年
間不見有任中書令者，而且自傅亮被誅以後至元嘉九年王弘進位中書監爲止
（426～432），中間又有六年三個月，不見有任中書監者，當是闕而不除。因
這時候文帝以侍中等門下長官兼領中書的機要職務，中書省的長官便長期虛
懸。從此之後，中書監令之地位遂日漸流於閑散。

元嘉三年正月，文帝親征謝晦，由王弘以侍中、司徒、揚州刺史、錄尙
書事而入住中書下省，控制「詔命」機關，即迺以他官入住中書省並行其職
事。卷四二〈王弘傳〉：

> 上西征謝晦，弘與驃騎彭城王義康居守，入住中書下省，引隊仗出
> 入。司徒府權置參軍。（頁 1314）

又卷六三〈殷景仁傳〉：

> 元嘉三年，車駕征謝晦，司徒王弘入居中書下省，景仁長直，共掌
> 留任。（頁 1681）

當時中書監令皆虛懸，中書省職官直接向皇帝負責，實際上可能由侍中代表
皇帝兼領之。所以王弘由外藩（江州刺史）被徵召爲宰相而入住中書下省，
不過是借重其位望以爲鎭攝而已，仍須安排侍中殷景仁「長直」，〈殷景仁傳〉
雖云兩人「共掌留任」，但眞正掌機要之任者必是殷景仁無疑。〔註24〕文帝時
侍中多居機密之任，如卷六三〈王曇首傳〉：

則當時傅亮辦公的官署必在宮廷之外，故文帝乃先召他入宮晉見才殺他，而
他得到「省內」密報時仍有機會通知「西明門」（都城之門）外的徐羨之，並
得以逃出「郭門」（京城之門），若他是在宮廷內辦公的話，就不會有以上的
措施。而且由傅亮被收付廷尉抵達廣莫門時才被示以「詔書」，可見他原來所
擁有的機要權任已完全被剝奪了。

〔註24〕據《宋書》卷五〈文帝本紀〉所載，由王弘入相至車駕還宮，共七十五天（從
正月丁卯至三月辛巳，中間有閏正月），但直到二月庚申文帝才離開了京師（頁
74），在這期間的許多項政治措施（如赦囚徒、以王敬弘、鄭鮮之爲左右僕射、
誅潘盛等）定仍出諸文帝的裁決。而同書卷六三〈王曇首傳〉：誅徐羨之等、
平謝晦，曇首及華之力也。（頁 1679）
殷景仁以外的侍中（如王華、王曇首等人），可能是隨駕從征去了。而且王弘
入相所兼領的職銜中也有侍中這一項，因他兼領侍中故可名正言順地「入住
中書下省」而出入宮廷。

> 時兄弘錄尚書事，又爲揚州刺史，曇首爲上所親委，任兼兩宮。彭
> 城王義康與弘並錄……以曇首居中，分其權任，愈不悦。曇首固乞
> 吳郡，太祖曰：「豈有欲建大廈而遺其棟梁者哉……」。（頁1680）

《南史》卷三五〈劉湛傳〉：

> 爲侍中。時王華、王曇首、殷景仁亦爲侍中，文帝……歎曰：「此四
> 賢一時之秀，同管喉脣，恐後世難繼。」（頁908）

又《宋書》卷七一〈江湛傳〉：

> 元嘉二十五年（448），徵爲侍中，任以機密。（頁1849）

同卷〈王僧達傳〉：

> 二十八年（451），遷侍中，任以機密……朝政大小，皆與參焉。（頁
> 1850）

這是入宋以來對於中書省職權的第一次調整，使得原本顯赫一時的中書監令退居閑散之位，而由與皇帝更加親近的門下省取代之；使出身門閥世族的侍中成爲掌握機要的新權貴，足以與擁有宰相正式頭銜的錄尚書事（多以三公兼領之）者相抗衡。

　　文帝誅徐羨之後，即徵王弘繼任相職。王弘又屢次上表請以彭城王義康（劉裕第四子）輔政，並求解揚州；於是，文帝乃以義康代王弘爲司徒，與之分錄尚書事；王弘又辭分錄以避義康，遇事則推義康任之，王弘死後，義康才領揚州。〈王弘傳〉：

> 其後弘寢疾，弘表屢乞骸骨，上輒優詔不許。九年，進位太保，領
> 中書監，餘如故。其年，薨。時年五十四。即贈太保、中書監……
> （頁1321～1322）

而白義康得勢後，工弘即逐漸退居閑散，今以寢疾屢乞骸骨（請求退休），反加中書監之號，在職僅兩個月；王弘死後，即以爲贈，則此官之閑散可知。〔註25〕

　　元嘉八年八月甲辰（431），臨川王義慶（長沙景王道憐之次子，出繼臨川烈武王道規）解尚書僕射加中書令，時年二十九，至九年六月壬寅（432），又出爲荊州刺史（代江夏王義恭），，居中書令之職共十個月。卷五一〈宗室‧臨川烈武王道規附嗣子義慶傳〉：

> 義慶幼爲高祖所知……永初元年，襲封臨川王……（元嘉）八年，

〔註25〕參照陳啓雲：〈劉宋時代尚書省權勢之演變〉，《新亞約報》四卷一期，頁166
～169。

太白星犯右執法，義慶懼有災禍，乞求外鎮……固求解僕射，乃許
之，加中書令，進號前將軍，常侍、尹如故。在京尹九年，出爲……
荊州刺史。荊州居上流之重，地廣兵強，資實兵甲居朝廷之半，故
高祖使諸子居之。義慶以宗室令美，故有此授。（頁 1475～1476）

按：卷五〈文帝本紀〉元嘉八年八月甲辰條，只記載「臨川王義慶解尚書僕
射」（頁 80），九年六月壬寅條，亦只記載「前將軍臨川王義慶爲平西將軍、
荊州刺史」（頁 81），皆未提到他任中書令的事，但據〈義慶傳〉及〈宋將相
大臣年表〉，〔註26〕則很明顯的知道他是在這段時間內擔任中書令的職務；或
許是因中書令在此時已無實際職事，不被視爲重要將相（更非方鎮），因此〈文
帝本紀〉乃略而不提，這種情形後面仍很多。

這期間先有王弘於元嘉九年三月至五月爲中書監，後有竟陵王義宣（劉
裕第六子，〔註27〕元嘉九年改封南譙王，至元嘉三十年孝武帝即位後又改封
南郡王）於同年六月繼王弘而爲中書監，至元嘉十三年三月（436）才出爲江
州刺史；而在義慶之後又有王球、殷景仁等相繼而爲中書令，且在職時間至
少都是兩年以上；因此，從元嘉九年三月王弘領中書監起的四年間，中書令
與中書監同時並設。兩相比較下得知爲中書監者之位望較崇、血緣較親，但
論本身的才幹及受親任的程度則稍不如中書令。

在王弘之後爲中書監的共有十人，前六人都是劉宋宗室諸王——南郡王
義宣、始興王濬、建平王宏、江夏王義恭、盧陵王褘、桂陽王休範；末四人
則爲劉宋年位望崇高的門閥世族——王景文、蔡興宗、袁粲、褚淵。

南郡王義宣第一次爲中書監是在元嘉九年六月（432），即王弘死（九年
五月壬申）後，由南兗州刺史徵爲中書監、中軍將軍加散騎常侍；〈文帝本紀〉
元嘉九年六月壬寅條：

南兗州刺史竟陵王義宣爲中書監、中軍將軍。（頁 81）

元嘉十三年三月（436）解職，出爲江州刺史，居中書監之位共三年又十個月。
〈文帝本紀〉元嘉十三年三月條：

己未，司空、江州刺史檀道濟有罪伏誅。庚申，大赦天下。以中軍
將軍南譙王義宣爲鎮南將軍、江州刺史（頁 84）

〔註26〕 萬斯同：《歷代史表》，卷二九，頁 4b。
〔註27〕 劉裕共有七男，依次爲：少帝義符、盧陵王義眞、文帝義隆、彭城王義康、
江夏王義恭、南郡王義宣、衡陽王義季。《宋書》卷六一〈武三王傳〉，頁 1633。

按：元嘉十二年至十三年春（435～436），文帝曾數度疾篤瀕危，義康怕文帝死後，檀道濟不可復制，乃召而誅之，代以義宣出鎮江州。由此可知這項調動是由義康以「錄命」行之，而非病危中的文帝旨意。

又卷六八〈武二王・南郡王義宣傳〉亦有相同之記載：

> 元嘉元年，年十二，封竟陵王，食邑五千戶。乃拜左將軍，鎮石頭……
> 明年（元嘉九年），遷中書監，進號中軍將軍，加散騎常侍……又領
> 石頭戍事。十三年，出都督江州、豫州之西陽、晉熙、新蔡三郡諸
> 軍事，鎮南將軍、江州刺史。（頁 1798）

劉宋君主諸子弟多以幼年封王，稍長即出鎮，握重兵以為皇室屏藩，而府州職事大抵由長史、司馬、參軍、主簿等高級幕僚處理。〔註28〕義宣十二歲封王，二十歲為中書監、中軍將軍，本傳記其職務並非「掌詔命」而是「領石頭戍事」，顯然只有「中軍將軍」這個職位才領有實際職責；又義宣出鎮江州時，〈文帝本紀〉只提到其中軍將軍之官第而不提中書監，可見中書監已如散騎常侍那樣，僅是增其華貴之虛銜而已。而紀傳均未言其中書監何時罷去，是否在出鎮江州時無法確知。從此以後，終文帝之世，都不再有任中書監者，中書監乃長期虛懸。由於文帝時門下省專掌內樞，與尚書省互相制衡，中書機要職權多由門下諸官兼領，因此義宣年二十而任中書監，其後此一職位又長期虛懸，對於實際政務一點影響都沒有。

元嘉九年六月，義慶出鎮荊州後，王球繼任中書令，並兼侍中，十二年

〔註28〕如江夏王義恭十二歲即以南豫州刺史，代盧陵王鎮歷陽（卷六一，頁 1640）；始興王濬八歲封王，十一歲為湘洲刺史，遷南豫州刺史，十二歲為揚州刺史，置佐領兵（卷九九，頁 2435）；武陵王駿（即孝武帝）六歲被立為王，十歲為湘州刺史，十一歲為南豫州刺史，他與始興王濬一樣均不出鎮而留京領石頭戍事，到了十六歲時才為雍州刺史出鎮襄陽（卷六，頁 109）；南平王鑠十歲為湘州刺史，也不到鎮而領石頭戍事，十五歲出鎮為豫州刺史（卷七二，頁 1856）；盧陵昭王紹一歲即襲封王爵，十二歲出為江州刺史（卷六一，頁 1635）；竟陵王誕十一歲封王，十二歲即為南兗州刺史出鎮廣陵，尋徙南徐州刺史，十七歲又出為雍州刺史（卷一九，頁 2025）；建平王宏十一歲封王，十四歲為中護軍領石頭戍事，又出為江州刺史（卷七二，頁 1858～1859）……孝武帝、明帝之皇子封王出鎮則更早，如豫章王子尚六歲封王，為南兗州刺史，遷揚州刺史（卷八〇，頁 2058）；晉安王子勛五歲封王為南兗州刺史，八歲改為江州刺史（卷八〇，頁 2059）；安成王準（即順帝）三歲封王，拜撫軍將軍，置佐史，四歲為揚州刺史（卷十，頁 193）。由此可知宋世諸王，或幼稚受州郡之任，或受州郡而不必就任；而以多半為出身於門閥世族的長史、司馬等高級幕僚代行府州職事。

四月（435），改任吏部尚書；由殷景仁以僕射兼中書令、加中護軍、領吏部，至十七年十一月（441）卒，這段期間，彭城王義康以司徒、揚州刺史總錄尚書，權傾朝野，但文帝初則以侍中王球兼領中書令，由門下長官典管中書省機要職事（同時尚有義宣爲中書監、中軍將軍而「領石頭戍事」），其後又有尚書僕射殷景仁兼領中書令，以制衡義康總錄尚書之權勢。王球，琅邪臨沂人，王謐之子。卷五八〈王球傳〉：

> 元嘉四年，起爲義興太守……在郡有寬惠之美，徙太子右衛率。入
> 爲侍中……徙中書令，侍中如故。遷吏部尚書……居選職，接客甚
> 希，不視求官書疏，而銓衡有序，朝野稱之。本多羸疾，屢自陳解。
> 遷光祿大夫加金章紫綬，領盧陵王師。（頁 1594～1595）

若參照〈宋將相大臣年表〉，則王球居中書令之職的時間共兩年十個月（432～435）；〔註 29〕其初任中書令時的年齡爲四十歲。改任吏部尚書後，其所兼之侍中亦解職。元嘉十七年十二月（441），殷景仁死，乃除尚書僕射，一直到十八年十一月（441）去世爲止。

殷景仁，陳郡長平人；曾祖融，晉太常；祖茂，散騎常侍、特進、左光祿大夫；父道裕，早死而官職無可考。他本人是王謐的女婿，少有大成之量，對於國典朝儀、舊章記注等頗有研究，甚爲劉裕所賞識。〈殷景仁傳〉：

> （元嘉）九年，服闋，遷尚書僕射……十二年，景仁復遷中書令，
> 護軍、僕射如故。尋復以僕射領吏部，護軍如故。（頁 1682～1683）

按：據本傳的記載，則殷景仁爲中書令時間很短暫，但〈宋將相大臣年表〉則記載於殷景仁自元嘉十二年四月以僕射兼中書令後，一直到十七年十一月卒，一直都擔任中書令，在職共五年又七個月的時間（435～440）。〔註 30〕

殷景仁以尚書僕射兼領中書令並加護軍時年四十六，他原是以侍中兼領宿衛而受文帝親任，此時因遭到劉湛的傾軋而以原職養病不出，文帝暗地裏仍然非常信任他。〈殷景仁傳〉：

> 義康納湛言，毀景仁於太祖，太祖遇之益隆。景仁……乃稱疾解
> 職……使停家養病……景仁臥疾者五年，雖不見上，而密表去來，
> 日中以十數，朝政大小必以問焉，影迹周密莫有窺其際者。收湛之
> 日，景仁使拂拭衣冠，窺疾既久，左右皆不曉其意。其夜，上出華

〔註 29〕同註 26，頁 4b～5a。
〔註 30〕同前註，頁 5a～6a。

林園延賢堂召景仁，猶稱腳疾，小床輿以就坐，誅討處分一皆委之。
（頁 1683）

由此可知殷景仁權力之龐大及受親任的程度。只是，這是由於殷景仁於元嘉初曾任侍中，參預對徐羨之等的整肅時所表現的才幹與忠貞，已受到文帝的賞識，至此時當年同受委遇的侍中只剩殷、劉二人，而劉湛又深結義康欲倚宰相之重以傾輒之，乃「驅煽義康、凌轢朝廷」，且義康自謂兄弟至親無復存人臣之禮，主相嫌隙日成，殷景仁乃成為支持文帝最有力的謀主，而他與劉湛間的衝突，也正好可以被文帝用來對付義康，才會不露形迹地賦與殷景仁如此龐大的權力。事實上，殷、劉之衝突，即是文帝、義康兩兄弟的君、相權力之爭。從這時期開始，尚書錄、令因權勢過重而受君主疑忌，僕射乃漸握尚書省實權而日益顯要；又自劉宋王朝成立以來，典管宿衛禁軍的長官，也成為重要的官職，掌握了參預機密的權力，而文帝又多以侍中兼領之，使他們在決策過程中，可以有獻替論政的法制權力，演至孝武帝時便形成了執戟之位而權亢人主的局面。這似乎與劉宋政權原是由寒門武勳所開拓出的軍事獨裁政權有關。由以上之敘述可知，殷景仁臥疾五年多，即使仍兼領中書令，但其一切權力仍是來自文帝對他的特殊信任，而非僅是中書令本身之職權而致。

從元嘉十七年十一月殷景仁死，到二十一年五月（441～444），何尚之由吏部尚書遷中書令兼中護軍，這段期間中書令又闕而不置，且中書監從元嘉十三年三月（436），義宣出鎮江州後便長期虛懸；何尚之至二十二年七月，又再遷為尚書右僕射，在中書令兼中護軍的職務上共一年兩個月（444～445）。何尚之，廬江灊人；祖恢，南康太守；父叔度，金紫光祿大夫，吳郡太守，加秩中二千石。少時頗輕薄，好摴蒲，既長折節蹈道，以操立見稱。元嘉初，因雅好文義，從容賞會，甚為文帝所知遇；十二年，遷侍中、太子中庶子如故，尋改領游擊將軍。卷六六〈何尚之傳〉：

湛誅，遷吏部尚書……國子學建，領國子祭酒。又領建平王師，乃徙中書令，中護軍。二十二年，遷尚書右僕射，加散騎常侍。（頁 1734）

卷一四〈禮志〉一：

太祖元嘉二十年，復立國子學，二十七年廢。（頁 367）

則國子學之設在元嘉二十年；又〈文帝本紀〉元嘉二十一年五月壬戌條：

以尚書何尚之爲中護軍。（頁92）

與本傳參照，則何尚之遷中書令兼中護軍的時間當在元嘉二十一年五月無誤，年已六十三歲。

其後徐湛之於元嘉二十四年（447）由丹陽尹轉爲中書令，領太子詹事，同年九月辛未，出爲南兗州刺史。而元嘉二十二年至二十四年間，中書監令又並闕。徐湛之，東海郯人；祖欽之，秘書監，宋初輔政元勳司徒徐羨之的兄長；父逵之，尚宋武帝長女會稽公主，爲彭城、沛二郡太守，於討伐司馬休之戰役中陣亡，追贈中書侍郎。因此，劉裕特別疼愛這位「幼孤」的外孫，常使他與江夏王義恭（劉裕諸子中最受寵者）「寢食不離於側」，卷七一〈徐湛之傳〉引永初三年（422）宋武帝詔曰：

> 永興公主（即會稽公主，永興爲其始封之縣）一門嫡長，早罹辛苦。外孫湛之特所鍾愛，且致節之胤情實兼常。可封枝江縣侯，食邑五百戶。（頁1843）

長大之後「頗涉文義，善自位待」，並以孝謹聞名。又〈徐湛之傳〉：

> （元嘉）二十四年，（母會稽公主之喪）服闋，轉中書令，領太子詹事，出爲前軍將軍、南兗州刺史，善於爲政，威惠並行……二十六年，復入爲丹陽尹，領太子詹事，將軍如故。（頁1847）

〈宋將相大臣年表〉以徐湛之爲中書令時在元嘉二十二年七月，[註31] 但據本傳所載，則知徐湛之此時任丹陽尹又居母喪，直到二十四年（447）服喪期滿才轉中書令，領太子詹事。因此，二十二年七月爲中書令的記載有誤，應該是二十四年才對，當時其年齡爲三十八歲。至於何月轉任則不見記載，但他居中書令之職不到一年則是很明顯的事實。

元嘉二十四年九月至二十八年（447～451）（建平王宏任中書令之前）又有將近四年的時間，中書監與中書令都虛懸著。此後建平王宏任中書令，一直到劉劭弒立，以武昌王渾爲中書令，宏才解任，在職共兩年。卷七二〈文九王・建平宣簡王宏傳〉：

> 元嘉二十一年，年十一，封建平王，食邑二千戶。少而閑素，篤好文籍。太祖寵愛殊常……二十四年，爲中護軍，領石頭戌事。出爲征虜軍、江州刺史。二十八年徵爲中書令，領驍騎將軍。元凶弒立，以宏爲左將軍、丹陽尹。（頁1858～1859）

〔註31〕 同前註，頁7b～8a。

建平王宏受任中書令時才十八歲，純粹因爲他是文帝最寵愛的皇子，才得由外鎮被徵爲中書令領驍騎將軍。而武昌王渾（文帝第十子），更是如此。卷七九〈文五王・武昌王渾傳〉：

> 元嘉二十四年，年九歲，封汝陰王，食邑二千戶。爲後將軍，加散騎常侍。索虜南寇，破汝陰郡，徙渾爲武昌王。少而凶戾……元凶弒立，以爲中書令。山陵夕，贏身露頭往散騎省戲，因彎弓射通直郎周朗，中其枕，以爲笑樂。世祖即位，授征虜將軍、南彭城、東海二郡太守，出鎮京口。（頁2042）

武昌王渾爲中書令時年僅十五歲，以此稚齡焉能不出於嬉戲？中書令之華而不實由此可見。

宋文帝因不堪徐、傅等元勳重臣對君權的威脅，而將執掌內樞機要的權力暗中轉移至門下省，劉宋初年中書監令專典詔命顯赫一時的權勢乃遭到嚴重的打擊，從此便一蹶不振而淪爲明日黃花。但朝廷對中書監令的選授仍頗重視，只有南郡王義宣因皇弟之親，年二十即遷中書監，建平王宏亦以皇子之寵，而於十八歲被徵爲中書令，那是因文帝想借此增其華貴（武昌王渾是在弒逆亂政下被授爲中書令的，不足爲論）；而臨川王義慶以「宗室令美」到二十九歲才任中書令；王球、殷景仁、何尚之雖爲門閥世族，也是年逾不惑才得出任中書令（何尚之更已是六十三歲的高齡了）；徐湛之的家世背景雖不太華貴，但由於與劉宋皇室的特殊關係，及其個人的經歷，也能活躍於當時貴族社會的社交界，却也是三十八歲才爲中書令的；至於王弘更是屢次自動請辭後，又進位太保、中書監等極尊崇的官位。可見中書監令在元嘉時期仍沿襲傳統所形成的客觀地位，用人仍極爲隆重，若非宗室即爲門閥，且幾乎都是資深文官；但實質上却與權力核心完全隔離了，成爲尊崇而無權的閑散之職，徒以中書省長官的地位而號爲宰臣。

第三節　劉宋中葉中書監令地位之陵夷

元嘉三十年二月二十二日（453），文帝爲太子劭所弒，劭即位以其弟武昌王渾爲中書令，又以其叔義宣爲中書監、太尉、領司徒、侍中，義宣不受命。三月，義宣與武陵王駿（即孝武帝）隨王誕等方鎮諸王並舉義兵，四月，劭乃以始與王濬爲侍中、中書監、司徒、錄尚書六條事。卷九九〈二凶・元凶劭傳〉：

以……驃騎將軍始興王濬爲侍中、中書監、司徒、錄尚書六條事。（頁
2432）

始興王濬爲文帝次子，與太子劭共爲巫蠱。事發，文帝將廢太子劭並賜濬死，
劭乃起兵弑逆。諸王起義後，劭親自督軍出戰，以濬主政而加中書監，時年
二十五歲。但濬在職不到一個月，且其本職在「錄」，餘皆加帶之虛銜。與濬
並錄尚書事者還有侍中、驃騎將軍南平王鑠（文帝第四子〔註32〕），濬居長爲
兄且又是劭之心腹，因此雖與鑠並錄，仍加帶中書監、司徒以崇其名號。同
年五月四日，劭勢敗被擒，劭、濬及劭四子、濬三子並梟首大航，暴尸於市。
〔註33〕

　　義宣藉久鎭荊州的實力，首倡大義，舉兵討逆。卷六八〈武二王・南郡
王義宣傳〉：

初，高祖以荊州上流形勝，地廣兵強，遺詔諸子次第居之……其後
應在義宣。上以義宣人才素短，不堪居上流……而會稽公主每以爲
言，上遲回久之，（元嘉）二十一年，乃以義宣都督荊、雍、益、寧、
南北秦七州諸軍事、車騎將軍、荊州刺史，持節、常侍如故……義
宣至鎭，勤自課厲，政事修理……三十年，遷司徒、中軍將軍、揚
州刺史，侍中如故。未及就徵，值元凶弑立，以義宣爲中書監、太
尉、領司徒、侍中如故。義宣聞之，即時起兵，徵聚甲卒，傳檄近
遠。會世祖入討，義宣遣參軍徐遺寶率眾三千助爲前鋒。（頁 1798
～1799）

文帝的兄弟到這時候只剩下義恭與義宣兩人，而義恭在朝爲劭所控制難以脫
身。討逆的方鎭諸王中以義宣最爲尊長，照理平逆之後他最有希望登位繼大
統，但義宣的大軍尚在道中而孝武帝已先在新亭即位，搶先把名份確定下來。
但是，孝武帝仍須授予義宣以極尊崇的名份（如侍中、中書監、丞相的尊號
及羽葆、鼓吹、班劍等殊榮）作爲補償。將南譙王改封南郡王，而封其次子

〔註32〕南平王鑠之事蹟，見《宋書》卷七二〈文九王傳〉，頁 1856～1858。又文帝十
　　　九男，依次爲：太子劭（即元凶）、始興王濬、武陵王駿（即孝武帝）、南平
　　　王鑠、廬陵昭王紹、竟陵王誕、建平王宏、東海王褘、晉熙王昶、武昌王渾、
　　　湘東王彧（即明帝）、建安王休仁、晉平王休祐、海陵王休茂、鄱陽王休業、
　　　臨慶王休倩、新野王夷父、桂陽王休範、巴陵王休若。（休業、休倩、夷父皆
　　　早夭，紹出繼廬陵王義眞。）
〔註33〕見《宋書》卷九九〈二凶傳〉，頁 2426～2439。

愷爲南譙王，這些措施正如義恭所說的「丞相位極人臣，江左罕授，一門兩王，舉世希有」，〔註34〕眞是備極尊崇，也幾乎已非人臣之位了。更徵他入朝輔政爲錄尚書六條事、揚州刺史，將他調離其勢力根本所在的荊州，使他失去可以和中央抗衡的憑藉。〈義宣傳〉：

> 世祖即位，以義宣爲中書監，都督揚、豫二州，（丞相、錄尚書六條事、揚州）刺史，〔註35〕加羽葆、鼓吹，給班劍四十人，持節、侍中如故。改封南郡王，食邑萬戶。進諡義宣所生爲獻太妃，封次子宣陽侯愷爲南譙王，食邑千戶。義宣固辭內任，及愷王爵。於是改授都督荊、湘、雍、益、梁、寧、南北秦八州諸軍事，荊、湘、二州刺史，持節、侍中、丞相如故。降愷爲宣陽縣王。義宣將佐以下，並加賞秩。（頁 1799）

中書監自元嘉十三年以來久已虛懸，華顯而無實權，只被當作優禮大臣的崇高官位。又義宣所兼侍中一職，在文帝時雖多居樞密之任，但須受君主委任始有實權。如謝靈運雖在徐、傅誅後被徵召爲祕書監，「尋遷侍中，日夕引見，賞遇甚厚……既自以名輩才能應參時政，初被召便以此自許，既至，文帝唯以文義見接，談賞而已」（卷六七〈謝靈運傳〉，頁 1772）。義宣既爲孝武帝所猜忌，豈有再受委任之理？則侍中之授爲虛銜可想得知。而丞相則自東漢以來已非人臣所居，因劭已給義宣「太尉領司徒」的名號，況且義宣本來是最有希望即帝位的藩王，想籠絡他怎能不授與更崇高的官位？丞相位極人臣，江左罕授，除非再加九錫之禮，否則尊崇無過於此者；但丞相本應總百揆，義宣却又加「錄尚書六條事」而與太尉義恭共錄，則其丞相乃只爲增其尊崇而加的虛銜是非常明顯的事。再者，卷三九〈百官志〉上：

> （晉）成帝世，以王導爲丞相，罷司徒府以爲丞相府，導薨，罷丞相，復爲司徒府。宋世祖初，以南郡王義宣爲丞相，而司徒府如故。
> （頁 1218）

則丞相、司徒二府並置，也可證明義宣所受的丞相只是一個虛有其名的尊號而已。所以在他固辭內任改授、湘二州刺史之後，仍帶丞相之號。

〔註34〕見〈義宣傳〉所載：義宣起兵後，義恭與義宣書，頁 1802。
〔註35〕《宋書》卷六八〈武二王傳〉，校勘記第廿二條：「丞相錄尚書六條事揚州」十字，各本並脫，據《元龜》268、176、278、294 補。《南史》有「丞相錄六條事揚州」八字。

　　然而，義宣既不甘心也不敢捨荊州而入京師，於是「固辭內任及愷王爵」，孝武帝不得已才改授義宣爲荊、湘二州刺史，而侍中、丞相如故，並降愷爲宜陽縣王。這次義宣便不再加領中書監了。原因是中書監爲屬於朝廷的內樞職官，且員額只限一名，原不輕授，所以義宣既不入朝輔政而改授外官（州刺史），自然不能再加領中書監了。自從元嘉三十年四月庚午，授義宣爲中書監、丞相、錄尙書六條事、揚州刺史，到同年閏六月甲午，改授荊、湘二州刺史爲止，共歷時四個月，其間義宣並未到京師就任。當時義宣年齡爲三十九歲。

　　統帥北路討逆義軍立下汗馬功勞的蕭思話，於孝武帝即位後被任命爲中書令兼丹陽尹、散騎常侍，時年五十四歲。蕭思話，南蘭陵人；劉裕繼母蕭氏（即孝懿皇后）的侄兒；祖卓，晉洮陽令、父源之，南琅邪太守。卷七八〈蕭思話傳〉：

> 思話年十許歲未知書，以博誕遊邀爲事，好騎屋棟，打細腰鼓，侵暴鄰曲，莫不患毒之。自此折節，數年中遂有令譽。好書史，善彈琴，能騎射。高祖一見便以國器許之。（頁2011）

由此可知，他出身於豪強的劉宋外戚之家。元嘉年間，屢次擔任將帥統軍四處征伐，元嘉十年（433）平定漢中之役即其最大的戰功。元嘉二十九年（452）大舉北伐，蕭思話等圍碻磝，攻城十八日不能不，乃解圍退回歷下，不久即被免官；劉劭弒立，以爲徐、兗二州刺史。蕭思話立即率部曲還彭城，起義以響應孝武帝，當孝武帝大軍抵達新亭的同時，他所派遣的部將申坦也進克京口。〈蕭思話傳〉：

> 上即位，徵爲散騎常侍、尚書左僕射，固辭，不受拜。改爲中書令、丹陽尹，常侍如故。時京邑多有劫掠，二旬中十七發，引咎陳遜，不許。明年，出爲……安北將軍、徐州刺史，加鼓吹一部。（頁2016）

又卷六〈孝武帝本紀〉元嘉三十年五月戊戌條：

> 新除尚書左僕射蕭思話遷職。（頁111）

同卷，孝建元年正月壬寅條：

> 以丹陽尹蕭思話爲安北將軍、徐州刺史。（頁113）

則蕭思話爲中書令兼丹陽尹的時間，應是元嘉三十年五月至孝建元正月（453～454），居職約八個月。蕭思話出鎮離職之後，由褚湛之接任爲中書令兼丹陽尹。

褚湛之，河南陽翟人；高祖裒，晉太傅；曾祖歆，秘書監；祖爽，金紫光祿大夫；父秀之，宋太常。而卷五二〈褚叔度附湛之傳〉以他爲褚秀之弟，但據《南史》卷六〈褚裕之傳〉及《南齊書》卷二三〈褚淵傳〉，則應是褚秀之子才對。〔註36〕尚宋武帝女，又謹愼有才幹，而爲宋文帝所知遇，劉劭使他率水師進攻孝武帝，乘機輕船南奔。〈褚叔度附湛之傳〉：

> 世祖即位，以爲尚書右僕射。孝建元年，爲中書令、丹陽尹。坐南郡王義宣諸子逃藏郡堺，建康令王興之、江寧令沈道源下獄，湛之免官禁錮。（頁 1506）

褚湛之於孝建元年正月爲中書令、丹陽尹，而義宣於同年二月初造反，則褚湛之被免職當在那個月內；因此，褚湛之任中書令大約只有一個月的時間而已，當時他的年齡是四十四歲。

在孝武帝諸兄弟中，與孝武帝最親善而受信仗的是建平王宏（文帝第七子）。時江夏王義恭位高而無權，建平王宏却名位職權日益隆重。卷七二〈文九王・建平宣簡王宏傳〉

> 世祖入討，劭錄宏殿內。世祖先嘗以一手板與宏，宏遣左右親信周法道齎手板詣世祖。事平，以爲尚書左僕射，使奉迎太后，還加中軍將軍、中書監，僕射如故……爲人謙儉固愼，禮賢接士，明曉政事，上甚信仗之……轉尚書令，加散騎常侍，將軍如故，給鼓吹一部，尋進號衛將軍、中書監，尚書令如故。宏少而多病，大明二年疾動，求解尚書令，以本號開府儀同三司，加散騎常侍，中書監如故。未拜，其年薨，時年二十五。追贈侍中、司徒，中書監如故，給班劍二十人。上痛悼甚至，每朔望輒出臨靈，自爲墓誌銘并序。（頁 1859～1860）

元嘉末建平王宏已爲中書令領驍騎將軍，孝武帝平逆之後，以宏早通款誠又才德兼備，乃遽授以尚書左僕射之職（元嘉三十年五月戊戌，453）而欲大加委仗（時義恭、義宣分錄尚書，何尚之以元嘉舊臣而爲尚書令），因此不久便以「奉迎太后」之功爲由而加中書監（同年八月乙亥），用意即在擡高其地位，

〔註36〕褚秀之死於元嘉元年（424），年四十七，而褚湛之死於大明四年（460），年五十。由此推斷則年齡相差三十三歲，則其關係應爲父子較合理。且褚秀之弟褚淡之、褚叔度同死於景平二年（424）年齡分別爲四十五、四十四。與褚秀之年齡相差只有二至三歲，更不可能有一幼弟年齡相差三十歲以上的。

這次建平王宏以尙書左僕射加中書監，在職兩年又兩個月（453～455），建平王宏初任中書監時年二十歲。轉任尙書令之後（孝建二年十月壬午，455），有一年的時間解中書監之職，但未有接任者，一年後（本傳所謂「尋」）仍以建平王宏爲尙書令兼中書監（孝建三年十月丁未，456）；由於孝建元年六月戊子（454），平定義宣亂後就將「錄尙書事」省去了，雖然義恭已進位太宰領司徒（孝建三年十月丙午），名義上居相位爲宰輔，但實際上居相職的應該是尙書令建平王宏，再加中書監、衛將軍的作用，與尙書左僕射加中書監、中軍將軍時相同，只是其權位更爲加重罷了。建平王宏再任中書監時年二十三歲。大明二年二月丙戌（458），建平王宏因疾而解尙書令，其不解中書監者，以此職此時已類於開府、散騎等冗散虛號。〔註 37〕同年三月丁未建平王宏死後，又以中書監與司徒、侍中並爲追贈之號，〔註 38〕故此時中書監純被用作爲加強執政大臣的名位，且已和三公一樣淪爲優崇重臣的虛銜了。

褚湛之被免職之後，孝武帝乃以最親信的藩府舊僚顏竣代之，顏竣上表讓中書令，許之。顏竣，琅邪臨沂人；高祖含，晉右光祿大夫；曾祖約，零陵太守；祖顯，護軍司馬；父延之，宋光祿大夫。在孝武帝幕府中極久，甚被愛遇。〔註 39〕卷七五〈顏竣傳〉：

> （元嘉）三十年春，太祖崩問至，世祖舉兵入討，轉諮議參軍，領錄事，任總外內，并造檄書。世祖發尋陽便有疾，領錄事自沈慶之以下並不堪相見，唯竣出入臥內斷決軍機。時世祖屢經危篤不任諮稟，凡厥衆事竣皆專斷施行。世祖踐阼以爲侍中……南郡王義宣、臧質等反，以竣兼領軍……竣自散騎常侍、丹陽尹加中書令，丹陽尹如故，表讓中書令曰：「虛竊國靈坐玷禁要，聞命慚惶形魂震越。臣東州凡鄙，生於微族長自閭閻，不窺官轍，門無富貴，志絕華伍……得免耕稅之勤，廁仕進之末……越以不才超塵清軌……曾未三幕，殊命八萃……」見許。（頁 1960～1964）

〔註 37〕陳啓雲：〈劉宋時代尙書省權勢之演變〉，《新亞學報》四卷一期，頁 169。

〔註 38〕本段中上述各項時間均見於《宋書》卷六〈孝武帝本紀〉，頁 113～121。

〔註 39〕據《宋書》卷六〈孝武帝本紀〉，孝武帝爲撫將軍是在元嘉二十一年（444），到二十五年（448）改授安北將軍，二十七年（450）降號鎮軍將軍、北中郎將，二十八年（451）遷南中郎將。（頁 109～110）而顏竣歷任孝武帝的撫軍、安北、鎮軍、北中郎府主簿，又爲南中郎記室參軍。（見《宋書》卷七五〈顏竣傳〉，頁 1959～1960）由此推斷顏竣在孝武帝藩府的時間可能有六年至十年。

表中所言雖是自謙之辭，但其家世非高門閥閱則爲事實，顏竣雖算得上是世族，其父顏延之爲文學名士，與謝靈運齊名，但門第並不太高。由此可知中書令在當時雖名爲禁要，實已成爲專爲高門華族遷官途徑而存在的「清軌」了。顏竣既以藩府舊僚之恩及決斷討逆軍機之功，三年內殊命八萃，又「自謂才足幹時，恩舊莫比，當贊務居中，永執朝政」（〈顏竣傳〉，頁 1946），自然不能接受那清貴卻無實權的名位，因此他只表讓中書令而不辭丹陽尹。

顏竣表讓中書令之後，未見有另授他人爲中書令的記載，到了大明二年，又以王僧達爲中書令，尋即因案陷以罪名下獄賜死。王僧達，琅邪臨沂人，王弘少子，甚爲宋文帝所知賞，妻以臨川王義慶女。卷七五〈王僧達傳〉：

> 上即位，以爲尚書右僕射，尋出爲使持節、南蠻校尉……仍補護軍將軍。僧達自負才地謂當時莫及，上初踐阼即屬端右，一二年間便望宰相。及爲護軍不得志……暮歲五遷，僧達彌不得意……坐免官……又加禁錮……孝建三年，除太常，意尤不悅。頃之，上表解職……僧達文旨抑揚，詔付門下。侍中何偃以其詞不遜啓付南臺，又坐免官……（大明）二年，遷中書令。先是，南彭城蕃縣民高闍……等謀爲亂……僧達屢經狂逆，上以其終無悛心，因高闍事陷之……於獄賜死。時年三十六（頁 1952～1958）

王僧達出身於門閥世族，又帶有豪俠性格，[註 40] 怪不得會「自負才地謂當時莫及」，而孝武帝初即位，便以他爲尚書右僕射，乃因他門第顯赫又有歸順之功，不得不加以籠絡而已，並非眞想重用於他。王僧達所求既不遂又屢遭貶黜、禁錮，自然恃才狂悖滿腹牢騷，與孝武帝君臣間積怨已久嫌猜也深，因此孝武帝乃藉高闍等謀反一案陷之；但死前猶得遷職爲中書令，[註 41] 由上述可知當時的中書令已不再爲君主所親信委仗，而成爲一「清」而不「要」

[註40] 《宋書》卷七五〈王僧達傳〉：坐屬疾於楊列橋觀鬬鴨，爲有司所糾，原不問。性好鷹犬，與閭里少年相馳逐，又躬自屠牛。義慶聞如此，令周旋沙門慧觀造而觀之。僧達陳書滿席與論文義，慧觀酬答不暇深相稱美……服闋，爲宣城太守。性好游獵，而山郡無事，僧達肆意馳騁，或三五日不歸，受辭訟多在獵所。（頁 1951～1952）
[註41] 《宋書》卷六〈孝武帝本紀〉，頁 122，大明二年七月甲辰：「彭城民高闍等謀反伏誅。」八月丙戌：「中書令王僧達有罪下獄死。」兩案相差四十三天，而高闍等謀反被殺，又在王僧達爲中書令之前（見《宋書》卷七五〈王僧達傳〉，頁 1957～1958），則王僧達遷中書令，當在大明二年七、八月之間，在職約一個月左右。

的閑官了。

繼王達而爲中書令的是盧江王褘（文帝第八子），卷七九〈文五王‧盧江王褘傳〉：

> 元嘉二十二年，年十歲，封東海王……大明二年，徵爲散騎常侍、中書令、領驍騎將軍，給鼓吹一部，常侍如故。又出爲南豫州刺史，常侍、將軍如故……太宗踐阼……改封盧江王。（頁 2038）

盧江王褘爲中書令是在大明二年，而確實的月份則不見記載，但必是王僧達下獄賜死之後，即八月丙戌以後。又〈孝武帝本紀〉大明三年三月壬辰條：

> 以中書令東海王爲衛將軍、護軍將軍。（頁 123）

本傳並沒有提到轉任衛將軍，然而筆者以爲宜從本紀之說較合理，則盧江王褘爲中書令可能有半年的時間。又盧江王褘爲中書令時年二十三，且人才凡劣爲諸兄弟所蚩鄙，因只皇室親王的身份便可受任，明帝即位之後，更進爲中書監。由此更可證明中書監令職事之虛閑，選授之輕率。

何尚之於元嘉二十二年七月，由中書令遷尚書右僕射後，歷任左僕射、尚書令領太子詹事，至二十九年告老還鄉，文帝乃以詔書敦勸他復出攝職，統籌北伐的後勤補給。劉劭弒立時曾爲保全從義諸將佐的家屬盡過力，在盧江王褘轉任之後，又以左光祿、開府儀同三司、侍中而加領中書令。卷六〈何尚之傳〉：

> （元嘉）二十五年，遷左僕射，領汝陰王師，常侍如故。二十八年，轉尚書令、領太子詹事。二十九年，致仕……詔書敦勸……尚之復攝職……是時復遣軍北伐，資給戎旅，悉以委之。元兇弒立，進位司空，領尚書令。時三方興義，將佐家在都邑，劭悉欲誅之，尚之誘說百端，並得免。世祖即位，復爲尚書令，領吏部……大明二年，以爲左光祿，開府儀同三司，侍中如故……復以本官領中書令。四年，疾篤……薨于位，時年七十九。追贈司空、侍中、中書令如故。（頁 1736～1738）

何尚之自孝建元年正月由尚書令遷爲侍中、光光祿大夫、護軍將軍（同年九月辭護軍，加特進）以來，即已漸離實職而被投閑置散，且又「畏遠權柄」而遇事推委，〔註 42〕只不過大明年間因其地位已爲前朝重臣，爲表示對他的

〔註 42〕《宋書》卷六六〈何尚之傳〉：尚之立身簡約……執衡當朝畏遠權柄，親故一無薦舉，既以此致怨亦以此見稱。（頁 1738）

優崇而讓他以本官領中書令，死後更追贈為司空、侍中、中書令。他也是劉宋時唯一兩度出任中書令並以中書令為追贈之官者。

　　大明三年三月癸巳（459），江夏王義恭以太宰領司徒而加領中書監，由建平王宏死後至此時（458～459），一年間又無人為中書監。卷六一〈武三王·江夏王義恭傳〉：

　　　　（大明）三年，省兵佐，加領中書監……七年，從巡，兼尚書令解
　　　　中書監。（頁 1650）

江夏王義恭自元嘉十七年（440），彭城王義康勢敗出藩後，被徵為司徒、錄尚書事，從此即長期居相位，名號累進而實權已移，只是徒擁虛位而已。〈義恭傳〉：

　　　　義恭既小心恭慎，且戒義康之失，雖為總錄，奉行文書而已，故太
　　　　祖安之。相府年給錢二千萬，它物倍此，而義恭性奢，用常不足，
　　　　太祖又別給錢年千萬。（頁 1644）

自義康出藩後，文帝鑑於前有徐、傅的弒逆，後有義康的專肆，深感尚書省秉權過重，始有意逐步削減尚書省長官權勢。而義恭的作風正合文帝的心意，所以能夠長期居相位，雖然用度頗奢，文帝卻加以縱容，這主要是義恭居相位能使文帝「安之」的緣故。討逆之役，義恭雖為劉劭所控制，卻暗助義軍並乘機逃奔。孝武帝即位，以義恭為太尉、錄尚書六條事、南徐州刺史。

　　孝建元年六月，「世祖以義宣亂逆，由於強盛，至是欲削弱王侯，義恭希旨，上表省錄尚書……上從其議」（〈義恭傳〉，頁 1647）。他又揣摩孝武帝的意旨，建議貶損王侯權力的「格」九條，制裁諸王車服、器用、樂舞及諸般制式。至大明二年又上表以為「諸王貴重不應居邊……有州不須置府」（頁 1649），其餘制度也自請多所減省。又〈義恭傳〉：

　　　　時世祖嚴暴，義恭慮不見容，乃卑辭曲意，盡禮祇奉，且便辯善附
　　　　會，俯仰承接，皆有容儀。每有符瑞，輒獻上賦頌，陳詠美德。大
　　　　明元年，有三脊茅生石頭西岸，累表勸封禪，上大悅。（頁 1650）

他便是靠這一套諂媚的功夫而得以全身保位。大明三年三月至七年十二月（459～464），義恭第一次領中書監，時間共四年又九個月，初領中書監時年四十七歲。七年底，才因兼尚書令而解中書監，或許是義恭長久以來的曲意伏事，使得孝武帝能放心而將徒擁虛名的相位委任於他。

　　又同傳載其於元嘉末任尚書令時將政事推給尚書僕射徐湛之，自己卻不任事。

　　何尚之死後，中書令又有一年左右的時間無人擔任（時江夏王義恭爲中書監），大明末才有晉熙王昶、始平王子鸞先後任中書令。晉熙王昶，文帝第九子，元嘉二十二年，年十歲，封義陽王，前廢帝時奔魏，明帝泰始六年改封晉熙王。卷七二〈文九王・晉熙王昶傳〉：

　　　　（大明）三年，徵爲護軍將軍……轉中書令、中軍將軍……前廢帝
　　　　即位，出爲……徐州刺史，加散騎常侍、開府如故。（頁 1868～1869）

又始平王子鸞，孝武帝第八子；原封新安王，母殷淑儀寵傾後宮，子鸞也是愛冠諸子，前廢帝子業素嫉此幼弟，即位之後既誅群公，乃遣使賜死，時年十歲，同生弟妹並死；明帝即位，改追封爲始平王。卷八〇〈孝武十四王・始平孝敬王子鸞傳〉：

　　　　（大明）八年，加中書令，領司徒。前廢帝即位，解中書令領司徒，
　　　　加持節之鎮。（頁 2065）

〈孝武帝本紀〉大明八年正月戊子條：

　　　　南徐州刺史新安王子鸞爲撫軍將軍，領司徒、刺史如故。（頁 134）

卷七〈前廢帝本紀〉大明八年七月乙丑條：

　　　　撫軍將軍、南徐州刺史新安王子鸞解領司徒。（頁 142）

晉熙王昶爲中書令的時間是大明五年六月（461），時年二十六歲；似乎到前廢帝即位之後（大明八年七月，464）才解職，出任徐州刺史。但據〈始平王子鸞傳〉，則始平王子鸞加中書令是在大明八年前廢帝即位之前（若參照〈孝武帝本紀〉則是正月戊子），到大明八年七月乙丑才解職，在職共七個月。如此晉熙王昶解中書令必定是在大明八年正月以前，則晉熙王昶爲中書令約有兩年半的時間。而始平王子鸞爲中書令時年齡才九歲，更見中書令之華而不實。

　　大明八年閏五月庚申，孝武帝崩，遺詔令江夏王義恭解尚書令而加中書監，另以柳元景領尚書令，在名義上以兩人共居相位輔政；此外沈慶之、顏師伯、王玄謨等宿將寵臣皆受顧命而參決文武政事。前廢帝即位後，更以江夏王義恭再爲錄尚書事，中書監、太宰如故。〈義恭傳〉：

　　　　八月閏月，又領太尉。其月，世祖崩，遺詔：義恭解尚書令，加中
　　　　書監，柳元景領尚書令，入住城內。事無巨細，悉關二公。大事與
　　　　沈慶之參決，若有軍旅，可爲總統。尚書中事委顏師伯。外監所統
　　　　委王玄謨。前廢帝即位，詔曰：「……太宰江夏王義恭新除中書監、

太尉……可錄尚書事，本官監、太宰、王如故……」（頁 1650）

這是江夏王義恭第二度擔任中書監，時年五十二歲。可是，在實際政治上，江夏王義恭「雖任宰輔，而承事近臣戴法興等，常若不及。」（〈義恭傳〉，頁 1651）卷九四〈恩倖・戴法興傳〉：

> 時太宰江夏王義恭錄尚書事，任同總己，而法興、尚之執權日久，威行內外，義恭積相畏服，至是懾憚尤甚。廢帝未親萬機，凡詔勅施為，悉決法興之手，尚書中事無大小，專斷之，顏師伯、義恭守空名而已。（頁 2304）

又卷五七〈蔡廓附子興宗傳〉：

> 時義恭錄尚書事，受遺輔政，阿衡幼主，而引身避事，政歸近習。越騎校尉戴法興、中書舍人巢尚之專制朝權，威行近遠……義恭素性恇橈，阿順法興，常慮失旨，聞興宗言，輒戰懼無計。（頁 1575）

江夏王義恭的作風一向如此──居宰輔之位而不自攬權，這正是他長久以來得以全身保位的法寶。

前廢帝狂悖無道，江夏王義恭、柳元景與顏師伯等謀廢帝而改立江夏王義恭，卷七七〈柳元景傳〉：

> 世祖崩，義恭、元景等並相謂曰：「今日始免橫死」……前廢帝少有凶德，內不能平，殺戴法興後，悖情轉露，義恭、元景等憂懼無計，乃與師伯等謀廢帝立義恭，日夜聚謀而持疑不能速決。永光年夏……發覺，帝親率宿衛兵自出討之。（頁 1990）

永光元年八月癸酉（465），前廢帝誅江夏王義恭等。〔註43〕這次江夏王義恭領中書監為時一年又三個月（464～465），明帝即位後，曾兩度下詔追贈義恭，中書監即為其中之一。

元嘉時中書監令雖與權力中樞隔絕但選授仍頗慎重，至此則徒有中書長官的華顯虛號，非但完全喪失了統轄中書省的職權，且被任意當作優禮大臣的名銜。中書監地位較高用人尚不至浮濫，所授者多是執政的親王（至少表面上是），但其作用有如進位三公者，皆藉以崇其名號而已。中書令的地位則

〔註43〕《宋書》卷六一〈武三王傳〉：
史臣曰……江夏王，高祖寵子，位居上相，大明之世親典冠朝。屈體降情，槃辟於軒檻之上，明其為卑約亦已至矣。得使虐朝暴主顧無猜色，歷載踰十以尊戚自保。及在永光，幼主南面，公旦之重屬有所歸。自謂踐沐之慮已除，泰山之安可恃，曾未云幾而礫體分肌。古人以隱微致戒，斯為篤矣。（頁 1656）

更見陵夷，蕭思話以寒門武勳而受任却不敢受尚書僕射，顏竣自負才幹恩舊不屑受任，王僧達屢遭貶黜死前猶得遷之，盧江王褘人才凡劣、始平王子鸞九歲稚兒皆得任中書令，可見其選授實在太輕率了。

第四節　劉宋末年中書監令選授之復重

前廢帝誅義恭後即改元爲景和元年，其後中書監令並闕；十一月二十九日（466），明帝（文帝第十一子，時封湘東王）使左右親信阮佃夫等勾結宮中侍衛發動政變，弒前廢帝而自立，尚未登基即匆匆於十二月一日以「令書」進司空東海王褘爲中書監，太尉（卷八〈明帝本紀〉，頁152）；而當時東海王褘的年齡爲三十一歲。又如前引〈盧江王褘傳〉：

> 前廢帝即位，加中書監。太宗踐阼，進太尉，加侍中、中書監……
> 太祖諸子，褘尤凡劣，諸兄弟蚩鄙之。（頁2038）

按：〈前廢帝本紀〉並無以東海王褘爲中書監的記載，且當時已有江夏王義恭居中書監之位，不可能同時有二人同朝並任中書監的情形發生，因此，疑本傳之記載有誤，「前廢帝即位，加中書監」可能是衍字，應刪掉才對。

明帝即位時，文帝前七子皆已去世，而第九子晉熙王昶於前廢帝時奔魏，第十子武昌王渾於孝武帝孝建元年因戲稱楚王被逼令自殺，東海王褘此時已是明帝唯一的兄長，因此，雖然人才凡仍得居中書監。到了泰始五年二月丙申（469）因涉嫌謀反，降爲車騎將軍、開府儀同三司、南豫州刺史，削邑千戶出鎮宣城；同年六月丁丑，[註44] 明帝又令有司奏「褘忿懟有怨言，請免官削爵士」（〈盧江王褘傳〉，頁2042）乃逼令自殺。由上述知褘爲中書監確定的期間應爲泰始元年十二月至五年六月（466～469），共三年又六個多月。

明帝即位改元泰始元年，除了以東海王褘爲中書監外，又以明帝最小的弟弟巴陵王休若爲中書令，但因晉安王子勛（孝武帝第三子，[註45] 鎮尋陽

〔註44〕本傳的記載是明年（泰始六年）六月，但校勘記第十七條引張森楷《校勘記》：據本紀即在是年，不得云明年。（頁2054）

〔註45〕晉安王子勛舉兵一事參見《宋書》卷八○〈孝武十四王・晉安王子勛傳〉，頁2060；卷八四〈鄧琬・袁顗・孔覬傳〉，頁2129～2166。又孝武帝共生二十八男，依次爲：前廢帝子業、豫章王子尚、晉安王子勛、安陸王子綏、子深、松滋侯子房、臨海王子頊、始平孝敬王子鸞、永嘉王子仁、子鳳、始安王子眞、子玄、邵陵王子元、齊敬王子羽、子衡、淮南王子孟、子況、南平王子產、晉陵孝王子雲、子文、盧陵王子輿、南海衰王子師、淮陽思王子霄、子

為江州刺史）等舉兵反，巴陵王休若受命東征，所以未受拜即轉任別職，時年十八歲。卷七二〈文九王·巴陵哀王休若傳〉：

> 太宗泰始元年，遷散騎常侍、中書令、領衛尉。未拜，復為左衛將軍，常侍、衛尉如故。又未拜，出為……安東將軍、會稽太守，率軍東討。（頁 1882～1883）

而後即以謝莊代之。謝莊，陳郡陽夏人；曾祖韶，晉車騎司馬；祖思，武昌太守；父弘徵（本名密），宋太常；謝安少子司空謝琰，琰次子峻無後，以弘微為嗣，因此，謝莊乃為謝安的嗣玄孫；儀容極美，又以文學著名。卷八五〈謝莊傳〉：

> 初，世祖寵姬殷貴妃薨，莊為誄……廢帝在東宮，銜之……繫於左尚方。太宗定亂，得出。及即位，以莊為散騎常侍、光祿大夫，加金章紫綬，領尋陽王師。頃之，轉中書令，常侍、王師如故。尋加金紫光祿大夫，給親信二十人，本官並如故。泰始二年，卒，時年四十六。（頁 2177）

但〈明帝本紀〉並無有關謝莊的記載，可見謝莊在明帝初年所任的官位（常侍、光祿、王師、中書令）都是一些無關緊要的虛銜。明帝只是借重其門閥世族及文學名士的聲望，處以虛閑之位以示尊崇而已。謝莊任中書令時年四十五歲，在職時間不詳（不超過數月）。

謝莊死後，明帝以王景文為中書令，王景文卻固辭不拜。卷八五〈王景文傳〉：

> 遭父憂，起為冠軍將軍、尚書左僕射、丹陽尹，固辭僕射，改授散騎常侍、中書令、中軍將軍，尹如故，又辭不拜。仍出為使持節……江州刺史。（頁 2179）

〈明帝本紀〉泰始二年五月丁未條：

> 新除尚書僕射王景文為中軍將軍。（頁 157）

同年九月甲午條：

> 以中軍將軍王景文為安南將軍、江州刺史。（頁 158）

王景文被授為中書令、中軍將軍是在泰始二年五月（466），他雖固辭不拜，

雍、子趨、東平王子嗣、子悅。其中子綏、子產、子輿並出繼，子深、子鳳、子玄、子衡、子況、子文、子雍未封早夭，子趨、子期、子悅未封即為明帝所殺。（〈孝武十四王傳〉序，頁 2057～2058）

但卻到九月才出任江州刺史，這期間本紀（可代表朝廷的官方檔案）仍以中軍將軍爲他的官銜，中書令想必也是如此。當時他的年齡是五十四歲。又王景文居喪期間被起爲冠軍將軍、尚書左僕射、丹陽尹，而他只固辭僕射；改授中書令、中軍將軍又辭不受，但出爲江州刺史時卻只辭常侍；這都表示他不顧居內職，而樂於出居外任。這或許是因他身兼外戚、門閥的雙重身分，若長期在朝任職終必自然成爲宰相而遭人主猜忌，便力辭內職以求保全。

泰始二年，王景文辭中書令之後又以袁粲任之，並加領太子詹事，但袁粲也拒絕不受，中書令仍闕而未除（時廬江王褘爲中書監）；到了泰始五年袁粲才以尚書僕射領吏部而加中書令，又領丹陽尹，集數職於一身；而袁粲爲人謹愼謙退又受明帝信任，所以可居之而不危，直到泰始六年才由王景文所接替。卷八九〈袁粲傳〉：

> 其年（泰始二年），徙中書令，領太子詹事……固辭不受……五年，加中書令，又領丹陽尹。六年……又知東宮事、徙爲右僕射。（頁2231）

〈明帝本紀〉泰始六年六月癸卯條：

> 以鎭南將軍、江州刺史王景文爲尚書左僕射、揚州刺史，尚書僕射袁粲爲尚書右僕射。（頁166）

袁粲爲中書令在泰始五年，月份則不可考，時年五十歲，而其解中書令當在六年六月（470）之前；王景文內遷爲中書令、左僕射、揚州刺史就在此時。

泰始五年十二月戊戌（470），建安王休仁（文帝第十二子）解揚州刺史。己未，以桂陽王休範（文帝第十八子）爲中書監、中軍將軍、揚州刺史，時桂陽王休範年二十二歲；泰始六年六月庚子，桂陽王休範又出爲江州刺史，居中書監六個月。（〈明帝本紀〉，頁166）

自王導以來，宰相領揚州已成爲一項政治傳統，〔註46〕而建安王休仁以擁立、平逆之功爲司徒、尚書令、揚州刺史，位望之隆漸引起宋明帝的不滿，仍自動辭揚州，而由休範以中書監領揚州刺史。卷七二〈文王王‧始安王休仁傳〉：

> 休仁年與太宗隣亞，俱好文籍，素相愛友。及廢帝世，同經危難，太宗又資其權譎之力。泰始初，四方逆命，兵至近畿，休仁親當矢

〔註46〕《宋書》卷三〈武帝本紀〉下，永初三年五月條：
爲手詔曰：「朝廷不須復有別府，宰相帶揚州可置甲士千人……」（頁59）

石，大勳克建，任總百揆，親寄甚隆。朝野四方，莫不輻湊。上漸
不悦，休仁悟其旨，其冬（泰始五年），表解揚州，見許。六年，進
位太尉，領司徒。（頁1873）

卷七九〈文五王・桂陽王休範傳〉：

泰始五年，徵爲中書監、中軍將軍、揚州刺史，常侍如故。明年，
出爲……江州刺史……休範素凡訥，少知解，不爲諸兄所齒遇。太
宗常指左右人謂王景文曰：「休範人才不及此，以我弟故，生便富貴。
釋氏願生王家，良有以也」及太宗晚年，晉平王休祐以狠戾致禍，
建安王休仁以權逼不見容，巴陵王休若素得人情，又以此見害。唯
休範謹澀無才能，不爲物情所向，故得自保，而常懷憂懼，恒慮禍
及。（頁2045～2046）

明帝將宰相與揚州刺史分別由兩人擔任，以削弱大臣的權勢。而像桂陽王休
範這樣凡訥無才能又不爲輿論所推崇的藩王，卻還憑這些條件而爲中書監、
揚州刺史，且屢鎮要州。因此，更可看出中書監已只是徒有崇高名號而實際
毫無事任的虛位了，明帝欲因桂陽王休範之謹澀無才能而使擔任有實權的揚
州刺史，流於虛閑的中書監正可用以加強桂陽王休範的位望，使他也能符合
以宰相領揚州的政治傳統，而中書監爲三省長官之一，在品位的形式上也可
算是宰相。

　　桂陽王休範之後便不再有諸王爲中書監了，從此以後直到宋亡，任中書
監者四人，皆以門閥世族而居宰輔之位，四人皆頗有朝望，且都曾任尚書令、
僕、吏部等要職，而後加中書監。除蔡興宗外，王景文、袁粲、褚淵又具有
皇室姻戚的身分。

　　王景文，名彧，與明帝諱同，琅邪臨沂王氏，王導的玄孫。〈王景文傳〉：

祖穆，臨海太守；伯父智，少簡貴，有高名，高祖甚重之……還爲
宋國五兵尚書，晉陵太守，加秩中二千石……父僧朗，亦以謹實見
知……侍中、特進……景文出繼智，幼爲從叔球所知，美風姿，少
與陳郡謝莊齊名。太祖甚相欽重，故爲太宗娶景文妹，而以景文名
與太宗同。（頁2177～2178）

泰始六年六月庚子，桂陽王休範由揚州刺史出爲江州刺史，王景文乃被徵爲
尚書左僕射、領吏部、揚州刺史，加太子詹事，散騎常侍如故；他不願還朝，
求爲湘州刺史，不許。〈王景文傳〉：

> 太宗翦除暴主，又平四方，欲引朝望以佐大業……景文屢辭內授，
> 上手詔譬之曰：「尚書左僕射，卿已經此任，東宮詹事用人雖美，職
> 次正可比中書令耳。庶姓作揚州，徐千木、王休元、殷鐵並處之不
> 疑……」固辭詹事領還，徙爲中書令，常侍、僕射、揚州如故。又
> 進中書監，領太子太傅，常侍、揚州如故（頁 2179～2181）

王景文一直在極力推辭內授，明帝以手詔爲他解釋開導，強迫他接受這些任
命，「東宮詹事用人雖美，職次正可比中書令耳」，明帝以中書令爲喻，也可
看出他隱然已存有輕視中書令的心態；而王景文仍然固辭詹事領選而轉任中
書令，正可說明中書令的選授還不如太子詹事。王景文受任中書令時年五十
八歲，在職約十一個月，到了泰始七年五月（471）又進爲中書監，解僕射而
加領太子太傅。〈明帝本紀〉泰始七年五月辛酉條：

> 尚書左僕射、揚州刺史王景文以刺史領中書監。（頁 168）

當時太子及諸皇子並小，明帝爲身後計，顧慮諸將帥吳喜、壽寂之等不能奉
幼主，並殺之；而王景文外戚貴盛，張永累經軍旅，又懷疑他們將來難以信
託，乃自爲謠言，王景文懼而自求解揚州，明帝表面上雖優詔慰答，[註 47]
暗地裏卻將他毒殺。〈王景文傳〉：

> 時上既有疾，而諸弟並巳見殺，唯桂陽王休範人才本劣，不見疑，
> 出爲江州刺史。慮一晏駕，皇后臨朝，則景文自然成宰相，門族強
> 盛，藉元舅之重，歲募不爲純臣。泰豫元年春，上疾篤，乃遣使送
> 藥賜景文死，手詔曰：「與卿周旋，欲全卿門户，故有此處分。」死
> 時年六十，追贈車騎將軍、開府儀同三司、常侍、中書監、刺史如
> 故，諡曰懿侯。（頁 2184）

泰始七年五月，王景文進爲中書監，時年五十九歲；泰豫元年三月己未（472），
明帝遣使送藥賜死（參照本傳及〈明帝本紀〉，頁 169）；領中書監共十個月，
死後亦以中書監爲追贈。他雖刻意避禍，最後還是難逃虐主的毒害。這一事
件充分表現君主集權政治的自私與恐怖，因王景文以貴門、外戚雙重身分，
爲揚州刺史又領中書監、太子太傅，無論在名實兩方面均已令明帝感到不安，

〔註 47〕明帝之詔文見《宋書》卷八五〈王景文傳〉，頁 2182～2184。其主要內容是説：
居高位者只須不擅權爭功，不危害君權，不爲自身名位打算，甚至位雖貴而
不關朝政，便可安而不懼；且安危不可預謀，預謀安身保位者，或抗命或逃
亡，終竟無所逃於天地之間。

才會如此悽慘的下場。

　　泰豫元年四月己亥，以褚淵爲中書令兼護軍將軍，蔡興宗爲荊州刺史並帶征西將軍、開府儀同三司，郢州刺史沈攸之進號安西將軍；同一天，明帝死，後廢帝即位，袁粲（尚書令）、褚淵、劉勔（中領軍）、蔡興宗、沈攸之同被顧命輔政。（〈明帝本紀〉，頁169）

　　褚淵，河南陽翟褚氏，東晉末與司馬氏世爲婚姻，其祖褚秀之以妹爲晉恭帝皇后，劉裕受禪，恭帝與褚后移居秣陵宮，常懼鴆毒自煮飲食，劉裕派秀之兄弟去見褚后，褚后出別室相見，而兵士乃踰牆入宮掩殺恭帝。〔註48〕秀之子湛之尚宋武帝第七女始安哀公主，哀公主死，又尚第五女吳郡宣公主，歷居顯位；至褚淵亦尚宋文帝女南郡獻公主，因駙馬的身分而歷任顯要，明帝在藩時與他交友相善，等到即位後深相委寄，事皆見從；爲吏部尚書，始安王休仁南討屯於鵲尾，遣褚淵詣軍選將帥以下勳階得自專決。《南齊書》卷二三〈褚淵傳〉：

　　　明帝疾甚，馳使召淵，付以後事……明帝崩，遺詔以爲中書令、護軍將軍、如散騎常侍，與尚書令袁粲受顧命輔幼主。淵同心共理庶事，當奢侈之後務弘儉約，百姓賴之。接引賓客未嘗驕倦。王道隆、阮佃夫用事，姦賂公行，淵不能禁也。（頁426）

從王景文由中書令進爲中書監時（泰始七年五月）開始，中書令又闕而不除，直到泰豫元年四月才由褚淵接任，當時褚淵年四十三歲；而自王景文死後（泰豫元年三月），中書監的職位也懸闕著，至同年閏七月才以蔡興宗爲中書監。

　　蔡興宗，濟陽考城蔡氏，門第雖不如琅邪王氏貴盛，但在當時也算是門閥世族，其父蔡廓以「方鯁閑素」爲劉裕所知賞，年位雖輕卻爲時流所推重。〔註49〕興宗幼立風概，頗有其父遺範，又《宋書》卷五七〈蔡廓附子興宗傳〉：

　　　中書令建平王宏、侍中王僧綽與興宗厚善。元凶弒立，僧綽被誅，凶威方盛，親故莫敢往，興宗獨臨哭盡哀……每正言得失，無所顧憚，由是失旨……時上（孝武帝）方盛淫宴，虐侮群臣，自江夏王義恭以下咸加穢辱，唯興宗以方直見憚，不被侵媟……帝（前廢帝）每因朝宴捶毆群臣……唯興宗得免。（頁1573～1581）

明帝臨終時安排他同被顧命並出鎮荊州，使他領重兵居上流以屏衛朝廷，但

〔註48〕事見《宋書》卷五二〈諸叔度附兄淡之傳〉，頁1503。
〔註49〕《宋書》卷五七〈蔡廓傳〉，頁1569～1573。

因遭到王道隆等人（當時實際操縱政權者）排擠而改任中書監。〈蔡廓附子興宗傳〉：

> 被徵還都，時右軍將軍王道隆任參內政，權重一時，躡屨到前不敢就席，良久方去竟不呼坐……道隆等以興宗強正，不欲使擁兵上流，改為中書監、左光祿大夫，開府儀同三司、常侍如故，固辭不拜。（頁1584）

這是藉授予無干政務的榮銜而完全剝奪其實權的一項安排，由此也可看出中書監和光祿、開府、常侍等一樣，只作為優崇大臣的虛位而已。而蔡興宗固辭不拜，半個月之後（八月戊午）就去世了，〔註50〕時年五十八歲。其子蔡景玄稟承遺志拒絕朝廷的追贈，表疏十餘上乃見許。

元徽二年五月壬午（474），桂陽王休範舉兵反，劉勔戰死，〔註51〕劉秉便代替了他的地位，成為輔政大臣的「四貴」之一。〔註52〕劉秉，宋之宗室；長沙景王道憐第四子義宗之次子，卷五一〈宗室・長沙景王道憐附孫秉傳〉：

> 時宗室雖多，材能甚寡。秉少自砥束，甚得朝野之譽，故為太宗所委……元徽元年，領吏部，加兵五百人……桂陽王休範為逆，中領軍劉勔出守石頭，秉權兼領軍將軍，所給加兵自隨入殿。二年……與齊王、袁粲、褚淵分日入直決機事。（頁1468）

同年九月丁酉，褚淵加領尚書令，原尚書令袁粲進為中書監、即本號開府儀同三司，領司徒（卷九〈後廢帝本紀〉元徽二年九月丁酉條，頁183）；但為袁、褚二人所固辭。

〔註50〕《宋書》卷九〈後廢帝本紀〉泰豫元年閏七月甲辰條：
以新除征西將軍、開府儀同三司、荊州刺史蔡興宗為中書監、光祿大夫。（頁178）
同年八月戊午條：
新除中書監、左光祿大夫、開府儀同三司蔡興宗薨。（頁179）

〔註51〕《宋書》卷八〈劉勔傳〉：
桂陽王休範為亂，奄至京邑，加勔使持節、領軍，置佐史，鎮扞石頭。既而賊眾屯朱雀航南，右軍王道隆率宿衛向朱雀，聞賊已至，急信召勔。勔至，命閉航，道隆不聽，催勔渡航進戰。率所領於航南戰敗，臨陳死之，時年五十七。（頁2196）

〔註52〕原被顧命輔政的蔡興宗於泰豫元年八月病死；沈攸之鎮荊州不願內徵；桂陽王休範之役，劉勔陣亡，劉秉代之；蕭道成平亂有功，又因褚淵的援引而參預朝政，遂形成「四貴」更日入直共決機要的局面。《宋書》卷八九〈袁粲傳〉：
時粲與齊王、褚淵、劉秉入直，平決萬機，時謂之「四貴」。（頁2232）

　　袁粲，陳郡陽夏袁氏，袁氏之復興始於晉末的袁湛、袁豹兄弟（父、祖
為內史、太守，品位並不太高，但仍是代代仕宦的世族）；以「素風簡正」而
受劉裕敬重，乃為文帝納袁湛之女為妃，文帝入繼大統，袁淑（袁豹第三子）、
袁顗（袁豹之長孫）、袁粲（袁豹次子袁濯之子）即因此而為劉宋皇室的外戚
近臣，累世忠貞。袁氏自有其家風傳統，元嘉末年，袁淑以母舅之親，為勸
阻止太子劉劭弒逆而血濺宮門。大明年間，孝武帝有廢嫡立庶之意，袁顗為
太子力爭；景和之變，湘東王彧以政變取帝位，諸州郡起兵討伐，袁顗為其
謀主，軍敗而死。袁粲父濯，早死，祖母哀其幼孤，名之曰愍孫；〈袁粲傳〉：

　　少好學，有清才……蚤以操立志行見知……清整有風操，自遇甚厚。

　（頁 2229～2230）

因受明帝的知遇及信任而權位日增。明帝一朝，中央政府名位最高的是建安
王休仁，其次為王景文、蔡興宗；王景文解僕射而以中書監領揚州，袁粲便
進昇為尚書令；而建安王休仁與王景文因為受明帝猜忌而先後被害死，蔡興
宗又出鎮會稽，因此明帝末年實際居相職者應是袁粲與褚淵二人。〔註53〕後
廢帝即位，袁粲與褚淵同受顧命在朝輔政，桂陽王休範之役亂平後，授中書
監，時年五十五歲。這是袁粲首次被任命為中書監，表面上是嘉勉其赴難之
誠而進其官位，實際上卻是奪其相職（尚書令），袁粲不肯接受；元徽三年七
月庚戌（475），乃還任尚書令。〈袁粲傳〉：

　　（元徽）三年，桂陽王休範為逆……事寧，授中書監，即本號開府
　　儀同三司，領司徒，以揚州解為府，固不肯移。三年，徙尚書令、
　　衛軍、開府如故。（頁 2232）

而蕭道成在新亭擊破桂陽王休範，因功而為中領軍、鎮軍將軍、南兗州刺史（元
徽二年六月庚子），不但掌握禁軍且控制了近畿的北府要鎮，而褚淵又援引他參
預朝政，至此，蕭道成已隱然具有劉裕京口起義後初入京師的形勢。〔註54〕

　　元徽三年八月庚子，褚淵加中書監。由諸紀傳文中可以知道，褚淵居中

〔註53〕實際上操縱朝政的是中書通事舍人阮佃夫、王道隆、楊運長等人。
〔註54〕劉裕得勢之初，推王謐主政，自為領軍將軍，又以鎮軍將軍之號出鎮徐州，
　　　殺王愉父子以立威，以集團的力量完全掌握朝政更獨居宰輔之位，再逐步清
　　　除對其權力購成威脅的勢力，完成國內統一，並對外建立彪炳的功勳，以至
　　　高無上的威望篡晉而建立劉宋王朝。反觀蕭道成則以平宗室內亂，因功而為
　　　中領軍、鎮軍將軍、南兗州刺史，藉褚淵的援引而掌握政機，拉攏門閥世族
　　　以提高威望，最後乃勾結侍衛發動政變以廢立控制朝政，誅殺輔政重臣，掃
　　　滅反動勢力而奪取皇位。

書令之職共三年半的時間（472～475）。如《南書》卷二三〈褚淵傳〉所載：

> 元徽二年，桂陽王休範反，淵與衛將軍袁粲入衛宮省，鎮集眾心……
> 及顧命之際，引太祖（即蕭道成）豫焉……其年，淵加尚書令、侍
> 中、給班劍二十人，固讓令。三年進爵爲侯，增邑千戶。服闋，改
> 授中書監，侍中、護軍如故，給鼓吹一部。明年，淵後嫡母吳郡公
> 主薨……葬畢，詔攝職，固辭……並不許。（頁 426～428）

褚淵於泰豫元年四月任中書令，元徽二年九月加領尚書令、侍中（身兼尚書、中書、門下三省長官），至元徽三年八月才改授中書監，時年四十歲。四年十月丙寅（476）以母憂去職，十一月庚戌詔攝本任，離職共四十四天。〔註55〕而中書令之職又懸闕，至元徽四年六月才由劉秉接任。〔註56〕《宋書》卷五一〈宗室·長沙景王道憐附孫秉傳〉：

> （元徽）四年，遷中書令，加撫軍將軍，常侍、尹如故。順帝即位，
> 轉尚書令、中領軍，將軍如故。（頁 1468～1469）

當時袁粲、劉秉雖參預機事，然劉宋政權已爲蕭道成與褚淵所把持，因此劉秉所擔任的官職中唯丹陽尹才具有實權，中書令、撫軍將軍、散騎常侍皆虛銜而已。又〈袁粲傳〉：

> 粲閒默寡言，不肯當事，主事每往諮決，或高詠對之，時立一意則
> 眾莫能改……及受遺當權，四方輻湊，閒居高臥一無所接，談客文
> 士所見不過一兩人。（頁 2232）

袁粲位高而權虛，只是憑藉著門閥世族的矜持與朝望來維持部分發言權，至於劉秉則素性悃愊，一切以袁粲馬首是瞻，袁粲既不肯當事，他也就推委求全，不敢負責。後廢帝因不堪其帝位受到威脅，曾誅殺阮佃夫等謀反的近臣（五年四月甲戌），又欲除蕭道成，因爲陳太妃阻止而作罷；元徽五年七月戊子（477），蕭道成勾結宮內宿衛將領王敬則等弑殺後廢帝並戎服率眾入宮，迫皇太后下令迎安成王準（明帝第三子）入即帝位。〔註57〕蕭道成鎮東府城，以司空錄尚書事而輔政作相。順帝即位後改元昇明元年，劉秉乃轉任尚書令。劉秉爲中書令時年四十四歲，自元徽四年六月至昇明元年七月在職約一年（476～477）。

〔註55〕《宋書》卷九〈後廢帝本紀〉，元徽四年 10 月丙寅條：
中書監、護軍將軍軍褚淵母憂去職。十一年庚戌，詔攝本任。（頁 186）
〔註56〕萬斯同：《歷代年表》卷二九〈宋將相大臣年〉，頁 17。
〔註57〕《宋書》卷九〈後廢帝本紀〉，頁 187～190。

　　昇明元年七月丙申（477），褚淵改號衛將軍、開府儀同三司，侍中如故。這是褚淵第一次擔任中書監，自元徽三年八月起至昇明元年七月止，共居中書監之職一年又十一個月（475～477）。同時，袁粲遷中書監，司徒、侍中如故，鎮石頭（時又再度奪其尚書令之職）。時蕭道成專政，禪代之勢已成，袁粲自以身受顧託不欲事二姓，潛與劉秉等人密有異圖。同年十二月丁巳，荊州刺史沈攸之舉兵討伐蕭道成，同月壬申（478），袁粲乃據石頭起事響應，使宮中禁軍將領率宿衛兵攻蕭道成於朝堂，黃回等率西征軍由新亭回師接應；但因劉秉怯懦提早奔就袁粲而事洩，蕭道成先令心腹王敬則肅清宮中異己，再派軍攻殺袁粲，劉秉等人被殺害；昇明二年正月（478），沈攸之敗亡。（卷十〈順帝本紀〉，頁195～196）至此，所有效忠於劉宋王朝的勢力完全被剷除了，蕭道成終於完成了篡位的佈置。袁粲自順帝即位遷中書監至十二月被殺，在職共五個月，時年五十八歲。

　　昇明元年七月劉秉轉任尚書令之後，以王延之為中書令，然未拜即遷右僕射。王延之，琅邪臨沂王氏；祖敬弘（裕之；與宋武帝劉裕諱同，故稱字），宋侍中、左光祿大夫、開府儀同三司；父昇之，都官尚書。《南齊書》卷三二〈王延之傳〉：

> 延之少而靜默，不交人事……轉侍中、秘書監、晉熙王師。遷中書令，師如故。未拜，遷右僕射。昇明二年，轉左僕射。宋德既衰，太祖輔政，朝野之情，人懷彼此；延之與尚書令王僧虔中立無所去就。時人為之語曰：「二王持平，不送不迎。」太祖以此善之。（頁584～585）

若依《宋書》卷十〈順帝本紀〉昇明元年十二月乙亥條：

> 新除中書令王延之為尚書右僕射。（頁196）

則王延之自中書令遷為尚書右僕射，前後不超過五個月的時間，時年五十七歲。宋齊政權交替之際，王延之承襲其祖王敬弘的作風，中立於權力鬥爭之外，既可保全身家性命，又能博得清高的名聲；只憑藉其崇高的門第便可「平流進取坐致公卿」，這是大多數的門閥世族在改朝換代時保持名位的作法。昇明元年蕭道成初行廢立，為掩飾其弒主奪權的舉動，乃不惜以朝廷的名位來安撫並爭取門閥世族的支持與默認（新政權的法統性）；王延之就是在這種背景下，由侍中、秘書監遷中書令，未受拜即再遷右僕射，旋又轉左僕射（昇明二年二月）。由此可見王延之拜中書令並未具實質意義，因此他尚未受拜便又另遷他職了。

　　王延之遷右僕射的同時，又以與其同族的王僧虔爲中書令兼尚書左僕
射，至昇明二年二月再進爲尚書令（可能於此時解中書令而由何戢接任）。王
僧虔爲王導的玄孫，其祖王珣爲晉司徒，伯父王弘爲宋太保；而其父王曇首
於元嘉初年最受宋文帝親任，其兄王僧綽於元嘉末年也極爲貴盛；王珣的子
孫是琅邪王氏在劉宋時代最爲華貴的一支，其門望比起王延之所屬的那一支
（王導叔父王正的後裔）要來得崇高多了。《南齊書》卷三三〈王僧虔傳〉：

> 元徽中，遷吏部尚書……轉右僕射。昇明元年，遷尚書僕射，尋轉
> 中書令、左僕射，二年，爲尚書令。（頁 593～594）

王僧虔爲尚書僕射是在昇明元年七月辛丑（〈順帝本紀〉，頁 194），爲蕭道成
弑後廢帝改立順帝後十三天。又〈順帝本紀〉昇明元年十二月乙亥條：

> 以尚書僕射王僧虔爲尚書左僕射，新除中書令王延之爲尚書右僕
> 射。（頁 196）

昇明二年二月庚長條：

> 以尚書左僕射王僧虔爲尚書令，尚書右僕射王延之爲尚書左僕射。
> （頁 197）

由以上兩條的記載與《南齊書》〈王僧虔傳〉相對照，可知王僧虔是在王延之
遷右僕射的同一天接任中書令並兼左僕射，時王僧虔年五十二歲，距袁粲、
劉秉等被誅（昇明元年十二月壬申；同卷，頁 195）才三天；六十五天以後，
王僧虔轉爲尚書令，王延之也同時接任左僕射。這種快速的升遷乃是他們憑
藉崇高的門第而「中立無所去就」以換取高官厚位，王僧虔在年齡上雖比王
延之小五歲，但論輩份仍卻長一輩，且門望也較高，因此在官位的授與上總
是更優於王延之。

　　其後，何戢爲中書令。何戢，盧江灊人；祖尚之，宋司空；父偃，金紫
光祿大夫。戢尚山陰公主，拜駙馬都尉，與褚淵相友善。《南齊書》卷三二〈何
戢傳〉：

> 元徽初，褚淵參朝政，引戢爲侍中，時年二十九。戢以年未三十，
> 苦辭内侍……出爲吳郡太守，以疾歸。爲侍中、秘書監，仍轉中書
> 令，太祖相國左長史。（頁 583）

按：紀、傳中皆未載何戢於什麼時候任職中書令，只知是元徽初之後，若據
〈宋將相大臣年表〉則在昇明二年；〔註 58〕而其解職在昇明三年三月，因蕭

〔註 58〕同註 56，頁 18。

道成進爲相國就在此時。〔註 59〕

　　何戢爲中書令時年三十二歲，至昇明三年三月（479）遷相國左長史，在職期間約一年。

　　昇明二年二月癸未，褚淵再度進爲中書監、司空，本官如故；三年四月辛卯，蕭道成篡宋爲齊，褚淵奉策授璽紱，並爲禪位詔文。蕭高帝（即蕭道成）建元元年四月甲午（479）即位，褚淵又進位司徒，侍中、中書監如故（固讓司徒）。褚淵第二次任中書監時年四十三歲，入齊之後仍兼領中書監，至建元四年齊高帝崩，才解職轉爲錄尚書事。〔註 60〕

　　袁粲、褚淵俱受宋明帝顧託同爲輔政大臣，而袁粲性素靜退然無經世之略，終死節於宋；褚淵既久承其家風又留心庶事，終以前朝顧命大臣而爲新朝佐命元勳。他兩人之互爲尚書令、中書監實顯示出宋齊革命之際政治鬥爭的訊息。

　　明帝在位時，軍旅不息，財政空竭，但他仍奢侈無度，弄得天下騷然民不堪命；且又猜疑多忌諱，忍虐好殺戮，親近讒慝翦落皇枝，終使本根無庇，幼主孤立，神器乃以勢弱傾移，劉宋基業自此大壞。這時期中書監令雖然無實權，選授却日益華重，除東海王禕因皇兄身分而以太尉領中書監，及桂陽王休範授揚州刺史加中書監以崇其位望外，皆選用名望頗高的宗室或門閥世族，而袁粲等人更以輔政大臣兼領之，可見其用人已不再輕濫，逐漸恢復到元嘉時那樣隆重。

〔註 59〕《南齊書》卷一〈高帝本紀〉上：
　　　　（昇明三年）三月甲辰，詔進位相國，總百揆，封十郡爲齊公，備九錫之禮…（頁 14）
〔註 60〕《南齊書》卷二三〈褚淵傳〉，頁 428～429。又同卷〈王儉傳〉，頁 434。

第五章　中書侍郎

第一節　劉裕專政時期之西省郎

　　東晉渡江以後，中書機構之職權曾一度被省併。《通典》卷二一：

　　　　中書令……東晉常併其職入散騎省，尋復置之。（頁 125）

又《大唐六典》卷九：

　　　　東晉……中興之後，以中書之任并入散騎省，後復置之。（頁 5，總
　　　　頁 193）

祇是由於時間短暫常被人家忽略而已，以致於其省併情形也不可詳考。

　　今考《大唐六典》卷八：

　　　　東晉并中書入散騎省，故庾亮讓中書牋曰：「方今并省，不宜多官，
　　　　往以中書事并附散騎，此事宜也。方今舌喉之要，則任在門下，表
　　　　章詔命，則取之散騎，殊無事復立中書也。」（頁 17～18，總頁 176）

《文選》〈庾元規讓中書令表〉中無此語，《晉書》〈庾亮傳〉亦不見載錄；然
《六典》乃唐代重要法典，所稱必當有據，疑此表或另藏於中秘者也。若其
說不誤，則中書職制之破壞當在庾亮以前，亦即王導兼中書監之時。然而晉
世散騎雖自有省，却未完全脫離門下機構，時中書機要之任轉在門下，筆札
文采則取於散騎也。但此時中書之組織未廢，獨其職事已遭破壞而已。〔註 1〕

〔註 1〕 以上有關「中書職權併入散騎」參照陳啓雲：〈兩晉三省制度之淵源、特色及
　　　　其演變〉:（《新亞學報》三卷二期，頁 197～199）。

　　　　文中所謂「晉世散騎自有省」見《文選》卷一三潘安仁〈秋興賦〉序：

　　東晉又有武官主奏事之制，其制當始於王導任內，據晉、宋二書官志，西晉奏事經黃門郎及通事郎，而無中書武官之制，是此制必自東晉始；又《晉書》卷七三〈庾亮傳〉：

　　時王導輔政……委任趙胤、賈寧等諸將，並不奉法，大臣患之……亮又欲率眾黜導……亮與（郗）鑒牋曰：「……主上自八九歲以及成人，入則在宮人之手，出則唯武官小人……侍臣雖非俊士，皆時之良也，知今古顧問，豈與殿中將軍、司馬督同年而語哉！不云當高選侍臣，而云高選將軍、司馬督，豈合賈生願人主之美，習以成德之意乎？秦政欲愚其黔首，天下猶知不可，況乃欲愚其主哉……挾震主之威以臨制百官，百官莫之敢忤……」（頁1921～1922）

觀此則王導廢諸侍臣，而代之以武官明矣。近侍左右本屬侍中、散騎之職，今黜之而代以武官；而王導當時既兼中書監，此等武官主呈奏，自亦以中書之名出之，遂相沿以成制。〔註2〕

　　由於東晉以來，中書監令常由宰輔重臣所兼領，所以從孝武帝開始，乃以中書侍郎直西省，掌詔命之職。《晉書》卷二四〈職官志〉：

　　江左合舍人、通事謂之通事舍人，掌呈奏案章。後省，而以中書侍郎一人直西省，又掌詔命。（頁735）

《宋書》〈百官志〉所載亦同。（卷四〇，頁1245～1246）卷六〇〈王韶之傳〉：

　　晉帝自孝武以來，常居內殿，武官主書於中通呈，以省官一人管司詔誥，任在西省，因謂之西省郎。（頁1625）

此後，任中書侍郎者，多以才學、文義而居之，如張湛「晉孝武世，以才學為中書侍郎，光祿勳」；〔註3〕且晉朝士大夫頗好內官，而中書侍郎之職又為清選，故世族子弟多樂為之。《太平御覽》卷二二〇引〈晉起居注〉：

　　今之士大夫多不樂出宰牧而好內官，今皆先經外官治民著續，然後入為常伯、中書郎。（頁7，總頁1264）

其例如《晉書》卷七五〈范汪附子寧傳〉：

　　（桓）溫薨後，始解褐為餘杭令，在縣興學校、養生徒……暮年之後，風化大行。自中興以來，崇學敦教未有如寧者也。在職六年，

以太尉掾兼虎賁中郎將，寓直于散騎之省。（頁3a）
〔註2〕有關「中書武官主奏事」參照前註陳文，頁199～200。
〔註3〕《宋書》卷九二〈良吏‧江秉之附張佑傳〉，頁2271。

—72—

遷臨淮太守，封陽遂鄉侯。頃之，徵拜中書侍郎，在職多所獻替，
有益政道。（頁 1985）

然而，西省官與門下官之界限始終混雜不清。如前引文中范甯「徵拜中書侍郎，在職多所獻善」。又《晉書》卷五二〈阮种傳〉：

轉中書郎，進止有方，正己率下，朝廷咸憚其威容。每爲駁議，事
皆施楷則。（頁 1448）

「獻替」、「駁議」原爲門下官之本職，今反以中書郎爲之；而西省職事雖屬中書卻又雜用門下（包括散騎）官。

《晉書》卷六七〈溫嶠傳〉：

明帝即位，拜侍中，機密大謀皆所參綜，詔命文翰亦悉豫焉，俄轉
中書令。嶠有棟樑之任，帝親而倚之，甚爲王敦所忌，因請爲左司
馬。（頁 1787）

同書卷七五〈王湛附曾孫坦之傳〉

徵拜侍中……簡文帝臨崩，詔大司馬溫依周公居攝故事，坦之自持
詔入，於帝前毀之……帝乃使坦之改詔焉。（頁 1965～1966）

同書卷九九〈殷仲文傳〉：

（桓）玄將爲亂，使總領詔命，以爲侍中，領左衛將軍。玄九錫，
仲文之辭也。（頁 2064）

又同書卷九一〈徐邈傳〉：

年四十四，始補中書舍人，在西省侍帝……遷散騎常侍，猶處西省，
前後十年，每被顧問，輒有獻替，多所匡益，甚見寵待。帝宴集酣
樂之後，好爲手詔詩章以賜侍臣，或文詞率爾，所言穢雜，邈每應
時收斂，還省刊削，皆使可觀，經帝重覽然後出之。（頁 2356）

依《通典》卷二一：

黃門侍郎……宋制……多以中書侍郎爲之。（頁 121）

若《通典》所載無誤，則兩者幾可合而爲一矣。

　　東晉宰輔重臣常兼領中書監令，而以心腹僚屬入值西省以掌詔命，又由於中書、門下二省職事之混雜，所以多有由門下官（包括散騎官）兼領中書詔令機要。劉裕執政之初，以謝混爲中書令，不過是借重其門第之名而已，實際上典掌詔命實權的是傅亮、滕演等幕僚。《宋書》卷四三〈傅亮傳〉：

亮博涉經史，尤善文詞……義旗初，丹陽尹孟昶以爲建威參軍。義

> 熙元年，除員外散騎侍郎，直西省，典掌詔命。轉領軍長史，以中
> 書郎滕演代之……七年，遷散騎侍郎，復代演直西省。仍轉中書黃
> 門侍郎，直西省如故。（頁1336）

傅亮以員外散騎侍郎、散騎侍郎的身分，便能與中書郎滕演相代入直西省，典掌詔命。義熙七年二月（411），劉裕進授中書監，傅亮先遷散騎侍郎再轉為中書黃門侍郎，直西省如故，這時傅亮一身而兼兩省侍郎之職，更可證明中書、門下二省職事已混而為一了。〔註4〕

劉裕自己未任中書監之前，主要是靠傅亮、滕演等「直西省，典掌詔命」而控制了中書省；等到任中書監之後，便可直接由自己兼領中書省的職權了，對詔命的控制更加有效，但由於劉裕具有權臣與方鎮的雙重身分，身兼數項要職，且寒微武夫的出身又乏文采詞章，當然不可能躬親典掌其職事，而須委之中書侍郎等僚屬。為酬庸傅亮「久直勤勞」，乃欲使他出任太守，卻為傅亮所拒絕。〈傅亮傳〉：

> 高祖以其久直勤勞，欲以為東陽郡，先以語迪，迪大喜告亮。亮不
> 答，即馳見高祖曰：「伏聞恩旨賜擬東陽，家貧忝祿私計為幸。但憑
> 廕之願實結本心，乞歸天宇不樂外出。」高祖笑曰：「謂卿之須祿耳，
> 若能如此，甚協所望。」會西討司馬休之，以為太尉從事中郎，掌
> 記室。以太尉參軍羊徽為中書郎，代直西省。（頁1336）

按：郡太守的俸祿較二省侍郎為豐，但既出居外職，便會與權力中樞隔絕；因此當傅迪（傅亮之兄）得知劉裕即將以傅亮為東陽太守時，會「大喜」而忍不住要及早轉告傅亮知道，但傅亮卻以權力之得失為念，不肯離開這擁有實權的職務。

而劉裕親率大軍西征，討伐馬休之，〔註5〕是在義熙十一年正月（415），

〔註4〕《宋書》中此類一身而兼兩省侍郎之例者頗多，如：中書黃門侍郎——袁湛
（52／1497）、蔡廓（57／1570）、博亮（43／1336）、謝瞻（56／1557）、蕭
源之（78／2011）、顏延之（73／1892，正員郎兼中書）、殷沖（59／1598）、
殷淳（59／1597）、劉貞之）（42／1310）、沈文叔（77／2004）、劉秉（51／
1468）、王蘊（85／2184）。
黃門吏部郎——殷淡（59／1598）、孔道存（56／1564）、江概（59／1610）。
中書吏部郎——張悅（59／1607）。

〔註5〕《宋書》卷二〈武帝本紀〉中：
（義熙）十一年正月，公收（司馬）休之子文寶、兄子文祖，並於獄賜死，
率眾軍西討。（頁31）

傅亮轉任太尉從事中郎，掌記室，而參預討伐的軍事機密；傅亮離職之後，劉裕又以其幕僚（太尉參軍）羊徽代傅亮直西省。

羊徽爲泰山南城人；曾祖忱，晉徐州刺史；祖權，黃門郎；父不疑，桂陽太守；亦爲劉裕所知遇，卷六二〈羊欣傳〉：

> 義熙中，弟徽被遇於高祖，高祖謂諮議參軍鄭鮮之曰：「羊徽一時美器，世論猶在兄後，恨不識之。」（頁 1662）

又〈羊欣附弟徽傳〉：

> 高祖鎮京口，以爲室記參軍掌事。八年，遷中書郎，直西省。（頁 1662）

羊徽由太尉參軍遷中書郎並代傅亮直西省是義熙八年（412）的事，顯然《宋書》之記載有互相矛盾之處，不知應以〈傅亮傳〉或〈羊欣附傳〉何者爲是？而據〈武帝本紀〉中，義熙八年九月，劉裕曾經親率諸軍西征荊州刺史劉毅，而以司馬休之代爲荊州刺史。（卷二，頁 28）若與〈王韶之傳〉相比照，則因王韶之於傅亮、羊徽之後代「領西省事」是義熙十一年，而推斷羊徽「遷中書郎直西省」當在義熙八年較爲合理。如此，則〈羊欣附傳〉所載似較可信，而〈傅亮傳〉所載「西討司馬休之」是否爲「西征劉毅」之誤，則有待證實。

羊徽之後又有王韶之以通直郎、中書侍郎、黃門侍郎等官職領西省事，〈王韶之傳〉：

> 王韶之字休泰，琅邪臨沂人也。曾祖廙，晉驃騎將軍；祖羨之，鎮軍掾；父偉之，本國郎中令。韶之家貧，父爲烏程令，因居縣境。好史籍，博涉多聞……韶之因此私撰《晉安帝陽秋》。既成，時人謂宜居史職，即除著作佐郎，使續後事，訖義熙九年……晉帝自孝武以來……因謂之西省郎（已見前引文）。傅亮、羊徽相代〔在職，義熙十一年，高祖以韶之博學有文詞，補通直郎。〕[註6]領西省事。轉中書侍郎。安帝之崩也，高祖使韶之與帝左右密加酖毒。恭帝即位，遷黃門侍郎，領著作郎，西省如故。凡諸詔黃，皆其辭也。〔註

〔註6〕《宋書》卷六〇，校勘記第十四條：
　　各本並脫「在職至補通直郎」二十一字，據《南史》補，「高祖」《南史》作「宋武帝」，今據《宋書》史例改正。（頁 1631）

〔註7〕同前註，校勘記第十五條：
　　「詔黃」各本並作「詔奏」，據《南史》改。按古時帝命不稱奏，作「黃」是。（頁 1631）

7〕高祖受禪，加驍騎將軍、本郡中正，黃門如故，西省解職，復掌
宋書。（頁 1625）

由上所述劉裕執政之初至受禪即位爲止的十七年間，實際上掌握中書省詔命
職權的「西省郎」，依序爲傅亮→滕演→傅亮→羊徽→王韶之。從他們的事蹟
中可歸納出幾個共同的特點：

一、他們原來是極受劉裕信任的幕僚。傅亮原爲孟昶的參軍，再轉爲劉
裕的領軍長史；滕演原爲劉裕的記室參軍，劉裕「登庸之始」獨掌軍中「文
筆」之任；羊徽於劉裕出鎮京口時亦是記事參軍「掌事」而「被遇」；王韶之
未入劉裕幕中即入西省，卻受命於劉裕而酖害晉安帝，必然已久爲其心腹，
故劉裕能放心地將晉朝廷的「詔黃」託付給他。

二、多以「博學」、「文詞」而入直西省典掌詔命。傅亮「博涉經史尤善
文詞」且頗以此自負；滕演雖史不明載，但由「登庸之始文筆皆是記室參軍
滕演」亦可知其文詞之美；羊徽原亦爲記室參軍，劉裕並曾稱讚他爲「一時
美器」，自亦以文學爲被知遇的原因；王韶之除因史學上的成就而被推薦出任
著作佐郎外，更因「博學有文詞」而補通直郎，領西省事。

三、除滕演家世不可考外，餘皆出身世家。傅亮、羊徽門第雖不顯赫，
也是累代爲官的世族，王韶之更是出身於琅邪王氏。

在這十七年期間，爲中書侍郎而姓名可考者，尚有：蔡廓、孟懷玉、檀
祗、江夷、王敬弘、檀道濟、張茂度、謝靈運、謝瞻、蕭源之、殷景仁、朱
超石等，另有徐逵之於死後被追贈爲中書侍郎。這些人並不像傅亮等有「入
直西省，典掌詔命」的實權，但他們的身分則頗爲特殊，有的是劉裕起義討
逆時的京口集團舊幹部，如孟懷玉、檀祗、檀道濟、朱超石等；卷四七〈孟
懷玉傳〉：

孟懷玉，平昌安丘人也。高祖玷，晉河南尹；祖淵，右光祿大夫；

又〈傅亮傳〉：
高祖登庸之始，文筆皆是記室參軍滕演；北征廣固，悉委長史王誕；自此後
至于受命，表策文誥皆亮辭也。（頁 1337）
則王韶之所領爲晉朝廷的「西省」職事，代晉帝典作「詔黃」；而傅亮所領乃
「霸府」宋臺的「表策文誥」。兩者雖同樣秉承劉裕的旨意而加以草擬，但畢
竟仍有所分野。因此，傅亮自遷「太尉從事中郎，掌記室」以來，即「從征
關、洛，還至彭城。宋國初建，令書除侍中，領世子中庶子。從中書令，領
中庶子如故。從還壽陽。」（〈傅亮傳〉，頁 1336）長期專任宋臺要職，而不再
擔任晉朝廷的官職了。

父綽，義旗後爲給事中、光祿勳，追贈金紫光祿大夫。世居京口。
高祖東伐孫恩，以懷玉爲建武司馬。豫義旗，從平京城，進定京邑……
高祖鎮京口，以懷玉爲鎮軍參軍、下邳太守。義熙三年，出爲寧朔
將軍、西陽太守、新蔡內史，除中書侍郎，轉輔國將軍，領丹陽府
兵戍石頭。（頁 1407）

卷四七〈檀祗傳〉：

檀祗字恭叔，高平金鄉人，左將軍韶第二弟也……從高祖克京城，
參建武軍事。至羅落，檀憑之戰沒之後，仍以憑之所領兵配祗……
隸振武大將軍道規追討桓玄，每戰克捷……除龍驤將軍、秦郡太守、
北陳留內史……五年，入爲中書侍郎。盧循逼京邑，加輔國將軍，
領兵屯西門外……出爲輔國將軍、宣城內史。（頁 1416）

卷四三〈檀道濟傳〉：

檀道濟，高平金鄉人，左將軍韶少弟也……高祖創義，道濟從入京
城，參高祖建武軍事，轉征西。討平魯山，禽桓振，除輔國參軍、
南陽太守……又從劉道規討桓謙、苟林等，率屬文武身先士卒，所
向摧破。及徐道覆來逼，道規親出拒戰，道濟戰功居多。遷安遠護
軍、武陵內史。復爲太尉參軍、拜中書侍郎，輔寧朔將軍，參太尉
軍事……補太尉主簿、諮議參軍。（頁 1341～1342）

卷四八〈朱齡石附弟超石傳〉：

齡石（沛郡沛人）弟超石，亦果銳善騎乘，雖出自將家，兄弟並閑
尺牘……乘單舸走歸高祖，高祖甚喜之，以爲徐州主簿……遷車騎
參軍事、尚書都官郎，尋復補中兵參軍、寧朔將軍、沛郡太守……
高祖自長安東還，超石常令人水道至彭城，除中書侍郎……關中擾
亂，高祖遣超石慰勞河、洛……與齡石俱沒，爲佛佛所殺，時年三
十七。（頁 1425～1426）

由前引各傳所載，可知孟懷玉等四人，皆先任太守、內史等地方長官，再以
劉裕重要將佐的身分而入爲中書侍郎，不久又再轉回武職，或出鎮，如孟懷
玉領丹陽府兵戍石頭、檀祗出鎮宣城；或再入劉裕幕中，如檀道濟參太尉軍
事；或銜命出赴特殊危難的任務，如朱超石慰勞河、洛。值得注意的是：檀
祗入爲中書侍郎後正逢盧循進逼京城，乃如輔國將軍領兵屯西明門外，則可
以明顯得知他雖位居中書侍郎但仍職司武衛。（當時另有中書郎滕演直西省典

掌詔命）

也有出身於門閥世族且又先擔任過劉裕的幕僚再轉爲中書侍郎者，如蔡廓、江夷、王敬弘、張茂度、謝靈運、謝瞻、殷景仁等，孟懷玉也可算正這一類型；卷五七〈蔡廓傳〉：

> 蔡廓字子度，濟陽考城人也……高祖太尉參軍，司徒屬，中書黃門郎。以方鯁閑素爲高祖所知。及高祖領兗州，廓爲別駕從事史，委以州任。（頁 1569～1570）

蔡廓死於元嘉二年，享年四十七歲，則其任中書黃門郎時約三十歲左右。卷五三〈江夷傳〉：

> 江夷字茂遠，濟陽考城人也。祖霑，晉護軍將軍；父數，驃騎諮議參軍。夷少自藻屬，爲後進之美……義旗建，高祖板爲鎮軍行參軍……孟昶建威府司馬，中書侍郎，中軍、太尉從事中郎，征西大將軍道規長史、南郡太守。（頁 1525）

江夷死於元嘉八年，享年四十八歲，任中書侍郎時約二十五歲左右。卷六六〈王敬弘傳〉：

> 王敬弘，琅邪臨沂人也。與高祖諱同，故稱字……敬弘少有清尚，起家本國左常侍，衛軍參軍……去官，居作唐縣界……高祖以爲車騎從事中郎，徐州治中從事史，征西將軍道規諮議參軍……召爲中書侍郎，始攜家累自作唐還京邑。久之，轉黃門侍郎，不拜。仍除太尉從事中郎，出爲吳興太守。（頁 1729～1730）

王敬弘死於元嘉二十四年，享年八十八歲，則其任中書侍郎時年紀已經五十歲左右了。卷五三〈張茂度傳〉：

> 高茂度，吳郡吳人，張良後也。名與高祖諱同，故稱字……復以爲始興相，郡經賊寇，廨宇焚燒，民物凋散，百不存一。茂度創立城寺，弔死撫傷，收集離散，民戶漸復。在郡一周，徵爲太尉參軍，尋轉主簿、揚州治中從事史。高祖西伐劉毅，茂度居守，留州事悉委之。軍還，遷中書侍郎。出爲司馬休之平西司馬、河南太守……還爲揚州別駕從事史。高祖北伐關、洛，復任留州事。（頁 1509～1510）

張茂度死於元嘉十九年，享年六十七歲，任中書侍郎時約三十八歲。卷六七〈謝靈運傳〉：

> 謝靈運，陳郡陽夏人也。祖玄……靈運少好學，博覽群書，文章之

美江左莫逮。從叔混特知愛之……撫軍將軍劉毅鎮姑孰，以爲記室
參軍。毅鎮江陵，又以爲衛軍從事中郎。毅伏誅，高祖版爲太尉參
軍，入爲秘書丞，坐事免。高祖伐長安，驃騎將軍道憐居守，版爲
諮議參軍，轉中書侍郎，又爲世子中軍諮議，黃門侍郎。奉使慰勞
高祖於彭城，作〈撰征賦〉。（頁 1743）

謝靈運死於元嘉十年，享年四十九歲，任中書侍郎時約三十一歲。卷五六〈謝
靈運傳〉：

謝瞻字宣遠，一名檐，字通遠，陳郡陽夏人，衛將軍晦第三兄也……
尋爲高祖鎮軍、琅邪王大司馬參軍，轉主簿、安成相、中書侍郎，
宋國中書、黃門侍郎，相國從事中郎。（頁 1557）

謝瞻死於永初二年，享年三十五歲，爲晉朝中書侍郎時約三十歲左右。卷六
三〈殷景仁傳〉：

殷景仁，陳郡長平人也。曾祖融，晉太常；祖茂，散騎常侍、特進、
左光祿大夫；父道裕，蚤亡。景仁少有大成之量，司徒王謐見而以女
妻之。初爲劉毅後軍參軍，高祖太尉行參軍……遷宋臺秘書郎……出
補衡陽太守，入爲宋世子洗馬，仍轉中書侍郎。景仁學不爲文，敏有
思致，口不談義，深達理解，至於國典朝儀、舊章記注莫不撰錄，識
者知其有當世之志也。高祖甚知之，遷太子中庶子。（頁 1680～1681）

殷景仁死於元嘉十七年，享年五十一歲，則其爲中書令時年約三十歲。

　　由前引各傳得知蔡廓等七人全出自東晉末年的幾個門閥世族，雖然在當
時的政治背景下他們僅憑其門第就可能獲得擔任中書侍郎的資格；然而由他
們皆以品德、才學〔註8〕而受到劉裕敬重與知遇（劉裕兼領兗州而以州任委諸
蔡廓，張茂度更被委以揚州留守重任，足見付託之重），及出任前的經歷（除
江夷以「後進之美」較早受任外，年齡大多在三十歲以上，且都曾任劉裕幕
僚等職），可看出劉裕專政期間雖多以其僚佐出任中書侍郎，但人選尚不致浮
濫，依舊爲清選華職；而且他們任中書侍郎的期間都很短暫，不久即遷他官。
由於在中書省內另有專司詔命的西省郎，被任命爲中書侍郎對他們來說只是

〔註 8〕　蔡廓「方鯁閑素」、江夷「少自藻厲爲後進之美」、王敬弘「少有清尚」「玄（桓
玄）輔政及簒位屢召不下」、張茂度則在始興相任內表現了相當傑出的治績、
謝靈運「少好學博覽群書，文章之美江左莫逮」、謝瞻「年六歲能屬文……當
時才士莫不歎異」、殷景仁「少有大成之量」「學不爲文，敏有思致，口不談
義，深達理解……知其有當世之志」。

其仕途中的一踏板而已，而中書侍郎員額共有四人，又正可給予執政者靈活運用的便利。

　　至於蕭源之、徐達之則與劉裕有姻戚關係，〔註9〕劉裕因出身寒微宗族薄弱且諸子並幼小，除了其同父異母的兩位弟弟道憐、道規外，對蕭、徐等姻戚亦頗倚重，另外劉裕生母趙氏本家子弟趙倫之等亦受委任而成爲佐命功臣，他們皆爲協助劉裕奮戰以得天下的京口集團中的核心幹部。卷七八〈蕭思話傳〉：

> 蕭思話，南蘭陵人，孝懿皇后弟子也。父源之字君流，歷中書黃門侍郎，徐、兗二州索史，冠軍將軍、南琅邪太守。永初元年卒，追贈前將軍。（頁 2011）

蘭陵蕭氏原係一寒門將家，惟因從戎之功與姻戚之重遂得歷中書、黃門二省郎官入「清流」之職選。卷七一〈徐湛之傳〉：

> 徐湛之字孝源，東海郯人。司徒羨之兄孫，吳郡太守佩之弟子也。祖欽之，秘書監。父達之，尚高祖長女會稽公主，爲振威將軍、彭城、沛二郡太守。高祖諸子並幼，以達之姻戚，將大任之，欲先令立功。及討司馬休之，使統軍爲前鋒配以精兵利器，事剋當即授荊州。休之遣魯宗之子軌擊破之，於陣見害。追贈中書侍郎。（頁 1843）

徐達之雖出身世族，但門第並不高（東海徐氏在徐羨之於入宋掌權後門第始盛），亦以姻威之親及殉難之節而被追贈爲中書侍郎。

　　綜合前述各列傳得知，劉裕專政的東晉末年，除沿襲晉孝武帝之後以郎官入直西省掌詔命的政治傳統外，並引用幕僚將佐入爲中書侍郎，雖然其中不乏出身寒門將家者，但大體上中書侍郎仍爲一清選華職且爲門閥世族子弟所樂居。特別值得注意者，劉裕雖曾以黨附其政敵劉毅的貴族謝混爲中書令，但對中書侍郎之選授則全由效忠於他的僚屬擔任，此點也頗值得玩味。

第二節　宋初中書侍郎之貴族化

　　劉宋一朝中書侍郎的選授大多爲門閥世族所壟斷，中葉以前幾乎不見有寒庶任中書侍郎之例，到劉宋末年才漸有以姻戚或憑軍功而爲之者。從永初元年到景平二年七月的五年間（420～424），曾任中書侍郎而姓名於史書中可

〔註9〕蕭源之爲劉裕繼母蕭氏之弟，而徐達之則爲劉裕的嫡長女婿。

考者，僅顏延之、何尚之兩人而已。但實際上當然不可能只有他們兩人，很明顯地，其他的中書侍郎是因事跡不顯而史書未有所載；最重要的原因是由於這時期的中書侍郎地位已大不如前，不再像東晉末年有「直西省」掌詔命的權力，新王朝成立，中書省的機要職權已隨著政權的統一而集中於中書監令傅亮、謝晦的手中，中書侍郎乃退而純爲籠絡世族名士的政治酬庸，以清選華職來換取他們對新王朝政權的支持。〔註 10〕顏延之的家世背景爲門第不甚高的世族，卷七三〈顏延之傳〉：

> 延之少孤貧，居負郭，室巷甚陋。書無所不覽，文章之美冠絕當時。飲酒不護細行……時尚書令傅亮自以文義之美一時莫及，延之負其才辭不爲之下，亮甚疾焉。盧陵王義眞頗好辭義待接甚厚，徐羨之等疑延之爲同異，意甚不悅。少帝即位，以爲正員郎，兼中書，尋徒員外常侍，出爲始安太守。（頁 1891～1892）

此處之「正員郎」似指「散騎侍郎」而言，因劉宋時另有「員外散騎侍郎」（史書中常簡稱「員外郎」）及「通直散騎侍郎」（簡稱「通直郎」）等兩種官銜，「正員郎」乃是對應於「員外郎」「通直郎」的稱呼。如此，「正員郎」必爲門下系統的散騎郎之一無疑。因此顏延之以「正員郎」而兼「中書」，所謂「中書」於此處自然是指「中書侍郎」。劉宋時中書、門下二省郎官間互相遷轉的程序大抵爲：先由散騎諸郎遷中書郎之後再轉任黃門郎。然而顏延之此時既是「兼」中書，自然不是合格實授，一直要到元嘉三年才正式被徵爲「中書侍郎」。諸散騎官雖仍文屬門下省，卻又別立「集書省」之名目，職任閑散，選授漸輕，而不復爲清要職官了。何尚之出自盧江何氏，屬於門閥世族，但門第稍遜於王、謝等族。卷六六〈何尚之傳〉：

> 義眞被廢，入爲中書侍郎。太祖即位，出爲臨川內史，入爲黃門侍郎，尚書吏部郎，左衛將軍，父憂去職。（頁 1732～1733）

顏延之是以散騎侍郎而兼中書侍郎，但不久即爲政爭所累而他遷，何尚之在少帝景平二年二月（424）盧陵王義眞被廢爲庶人之後入爲中書侍郎，到同年八月文帝即位時，又出爲臨川內史，在職亦不過半年而已。〈文帝本紀〉景平二年七

〔註 10〕雖然劉宋政權是由出身寒微的武人打出來的天下，他們擁有了絕對優勢的實權，世族已失掉了他們在政壇上的主導權（參照川勝義雄：〈劉宋政權の成立と寒門武人〉，《東方學報》三六期，頁 215～233），但在形式上政府行政與立國典章仍須借重他們的名望及經驗，且新王朝的成立更須得到世族的擁護才能得到正統的地位。

月條，百官備法駕至江陵奉迎文帝入奉皇統的聯名上表中，「中書侍郎臣何尚之」
（頁 72）亦列名其中。在這份名單中，侍中、散騎常侍、給事中、給事黃門侍
郎、散騎侍郎、員外散騎侍郎、中書侍郎、吏部郎中、儀曹郎中、倉部郎中、
都官郎中等員額不止一人的官職皆只有一人代表列名而已。自然另有留守京城
者，只是事迹不彰史書別無所載，故其姓名後世不可考。而由僅得的顏、何二
例，可見此時的中書侍郎職權不重，且在任時日極短即另遷轉他官了。

宋文帝在位的三十年間（424～453）是爲劉宋盛世的元嘉之治，《宋書》
中有關文治的記載大抵多爲這時期的事蹟，而當時的人物又絕大部分是出身
於世族者。宋初那種以中書侍郎等「清」職作爲政治酬庸的趨勢，到了元嘉
年間也就更加明顯，這段期間內被選授爲中書侍郎而史書中姓名可考者，共
有謝述等一十九人，幾乎全部出自世家。茲分述其家世及事蹟如下：

謝述字景先，謝景仁（即謝裕，名與劉裕同諱，故稱字，祖據爲謝安第
二弟）幼弟、謝晦的堂叔，出身於門第極崇高的陳郡陽夏謝氏；爲劉裕的豫
州主簿，甚被知器。卷五二〈謝景仁附弟述傳〉：

> 世子中軍主簿，轉太子中舍人，出補長沙內史，有惠政。元嘉二年，
> 徵拜中書侍郎。明年，出爲武陵太守，彭城王義康驃騎長史，領南
> 郡太守……義康入相，述又爲司徒左長史。（頁 1496）

謝述任職中書侍郎約一年（425～426），而死於元嘉十二年，享年四十六歲，故
其拜中書侍郎時年三十六歲。謝述外放爲武陵太守，隨即任義康的長史。元嘉
三年，文帝討滅謝晦之後，即任命其弟彭城王義康以驃騎將軍之號，坐鎮荊州
軍府，時義康的年紀才十八歲，因此文帝乃以出身名門又素有聲望的謝述來輔
佐他；劉宋諸王多幼年即出鎮，而由朝廷指派中央官吏出任其幕僚長，負責實
際政務的推行，而長史爲軍府的民政幕僚長，常兼領首府要郡的郡太守，這在
當時似乎是一項慣例；因此謝述又兼荊州首府南郡之太守。文帝對於這項人事
安排十分重視，曾詔示義康政事須委諮謝述。〈謝景仁附弟述傳〉：

> 先是，述從兄曜爲義康長史，喪官，述代之。太祖與義康書曰：「今
> 以謝述代曜。其才應詳練著於歷職，故以佐汝。汝始親庶務，而任
> 重事殷，宜寄懷群賢以盡弼諧之美，想自得之，不俟吾言也。」（頁
> 1496）

所以當義康被徵入輔爲相時，謝述也隨之內遷爲司徒左長史（司徒府的最高
幕僚長）。

顏延之，少帝時以散騎侍郎兼中書侍郎，後因受到徐羨之、傅亮等當權派的排斥而貶爲始安太守，至元嘉三年才被徵回朝廷正式受任中書侍郎。〈顏延之傳〉：

> 元嘉三年，羨之等誅，徵爲中書侍郎，尋轉太子中庶子，頃之，領步兵校尉，賞遇甚厚。延之好酒疎誕，不能斟酌當世，見劉湛、殷景仁專當要任，意有不平，常云：「天下之務當與天下共之，豈一人之智所能獨了！」辭甚激揚，每犯權要。（頁 1893）

顏延之被徵爲中書侍郎時年四十三歲，在任不久即另遷他官，任內並無特殊事迹，只因他曾受徐羨之的忌惡與傾軋，本身又是文學名士，所以徐羨之等勢敗被誅以後，即召他回朝授以中書侍郎之「清職」以示平反。但文帝對他雖然「賞遇甚厚」，不過恐怕也僅是如同另一位與他同樣遭遇的名士謝靈運那樣，「唯以文義見接」「談賞而已」，顏延之縱有用世之志，又「肆意直言曾無遏隱」（本傳，頁 1902），卻與「權要」完全絕緣。

裴松之字世期，河東聞喜人。祖昧，光祿大夫；父珪，正員外郎。卷六四〈裴松之傳〉：

> 松之年八歲，學通《論語》、《毛詩》。博覽墳籍，立身簡素。年二十，拜殿中將軍。此官直衛左右，晉孝武太元中革選名家以參顧問，始用琅邪王茂之、會稽謝輶，皆南北之望。（頁 1698）

由這段引文及裴松之的家世背景，可以看出他是出身於世族，但門第不高。因此雖被劉裕譽爲「廊廟之才」（本傳，頁 1699），但官位卻升遷得很緩慢，年紀超過五十五歲才得擔任中書侍郎。〈裴松之傳〉：

> 徵爲國子博士。太祖元嘉三年，誅司徒徐羨之等，分遣大使巡行天下。通直散騎常侍袁渝、司徒左西屬孔邈使揚州……松之使湘州……並兼散騎常侍……松之甚得奉使之義，論者美之。轉中書侍郎、司冀二州大中正。上使注陳壽《三國志》，松之鳩集傳記，增廣異聞，既成奏上。上善之，曰：「此爲不朽矣。」出爲永嘉太守，勤恤百姓，吏民便之。入補通直爲常侍，復領二州大中正。尋出爲南琅邪太守。十四年致仕。（頁 1701）

由本傳只能看出裴松之爲中書侍郎是元嘉三年以後，確定的時間則未見記載，但因元嘉時「守宰之職以六朞爲斷」（卷九二〈良吏傳〉序，頁 2261），而裴松之轉中書侍郎後又兩度出任太守，曾短暫地入補通直散騎常侍，到了

元嘉十四年致仕，據此推算則其任中書侍郎的時間，極可能是在元嘉三年出使巡行回來的時候，又卷五三〈庾登之附弟炳之傳〉：

> 轉彭城王義康驃騎主簿，未就，徙爲丹陽丞。炳之既未到府，疑於府公禮敬，下禮官博議。中書侍郎裴松之議曰……從之。（頁 1516～1517）

裴松之爲中書侍郎卻受詔注《三國志》，又以「禮官」的身分論禮，則中書侍郎原來所掌「詔命機要」的職權已不復見，因此乃另授以別項職務甚或退爲坐而論道的禮官之列，而造成「官」與「職」不相符合的情形。

蕭思話，出身於豪門的劉宋外戚之家，原是帶有豪強性格的將家子弟作風，後乃折節讀書而有令譽，本傳言其「好書史，善彈琴，能騎射……涉獵書傳，頗能隸書，解音律，便弓馬」（頁 2011），已經蛻變爲一文武全才的貴戚少年，〔註11〕因此年二十七歲便被任命爲中書侍郎。卷七八〈蕭思話傳〉：

> （元嘉）五年，遷中書侍郎，仍督青州、徐州之東莞諸軍事、振武將軍、青州刺史，時年二十七。（頁 2011～2012）

但卷五〈文帝本紀〉元嘉三年十二月癸丑條：

> 以中書侍郎蕭思話爲青州刺史。（頁 75）

兩段記載在時間上有很明顯的矛盾，《新校本宋書》卷七八，校勘記第二條及第十一條均以〈文帝本紀〉所繫爲是。〔註12〕並引孫虨《宋書考論》云：

> 按思話任青州，依本紀實元嘉三年，年二十七。若五年年二十七，則其年十八時，當晉恭帝元熙元年，琅邪王已爲帝，何自除琅邪王大司馬參軍邪？〔註13〕

則蕭思話爲中書侍郎當在元嘉三年十二月癸丑以前，而本傳所謂「五年遷中書侍郎」中的「五年」當是「三年」之誤。他受任中書侍郎不久即出鎮青州軍府，從此即長期於軍中擔任將帥，一度爲侍中領太子右率，又曾被徵爲侍中、吏部尚書，但未受拜即另遷軍職，直到平定劉劭弑立之亂後，因功被徵

〔註11〕《南齊書》卷三三〈王僧虔傳〉：
其論書曰……范曄與蕭思話同師羊欣……蕭思話書，羊欣之影，風流趣好殆當不減，筆力恨弱。（頁597）
可見他也是當時的書法名家，這對於出身武人之家的貴戚少年而言，實在是不容易的事。

〔註12〕《宋書》卷七八，頁 2021～2023。

〔註13〕以上引文見《宋書》，頁 2023。又《宋書》卷七八〈蕭思話傳〉：
年十八，除琅邪王大司馬行參軍，轉相國參軍。（頁 2011）。

爲散騎常侍、尙書左僕射，也許是拘泥於門第觀念，竟固辭不敢受拜，而改授中書令、丹陽尹、常侍如故。（頁 2016）由此也可看出尙書左僕射之選授實更優於中書令，所以門第聲望不高的武將出身者，縱然是像蕭思話那樣文武全才且已立下汗馬功勞的貴戚也不敢貿然受拜。

荀昶，出自潁川荀氏，屬於門閥世族。〔註14〕卷六○〈荀伯子附族弟昶傳〉：

> 伯子族弟昶字茂祖，與伯子絕服五世。元嘉初，以文義至中書郎。（頁 1629）

由於《宋書》中對於荀昶的記載就只這些而已，因此只能知道他是在元嘉初爲中書侍郎，至於確定的時間與荀昶任中書侍郎時的年齡則無法得知。荀昶是因門閥世族的身分而以「文義」至中書郎，且似乎是他所擔任的最高官職，而其一生並無特殊事迹，所以史書之記載乃如此簡略。

張敷，字景胤；吳興太守張邵的長子，伯子茂度，出身當時南方最高門第的吳郡張氏。卷四六〈張邵附子敷傳〉：

> 性整貴，風韻端雅，好玄言善屬文……名價日重。武帝聞其美，召見奇之，曰：「眞千里駒也。」以爲世子中軍參軍，數見接引。累遷江夏王義恭撫軍記室參軍……遷正員中書郎……中書舍人秋當〔註15〕、周赳並管要務，以敷同省名家，欲詣之。赳曰：「彼恐不相容接，不如勿往。」當曰：「吾等並已員外郎矣，何憂不得共坐。」敷先設二牀，去壁三四尺，二客就席，敷呼左右曰：「移我遠客！」赳等失色而去。其自標遇如此……遷黃門侍郎、始興王濬後軍司徒左長史。未拜，父在吳興亡。（頁 1395～1396）

所謂「正員中書郎」當是指中書侍郎，卷六二〈張敷傳〉（《宋書》中一人而

〔註14〕荀昶本身事迹，史書記載很少。然其族兄荀伯子則毫無疑問地爲門閥世族。《宋書》卷六八〈荀伯子傳〉：
荀伯子，潁川潁陰人也。祖羨，驃騎將軍。父猗，秘書郎……車騎將軍王弘稱之曰：「沈重不華，有平陽侯之風」伯子常自矜廕籍之美，謂弘曰：「天下膏梁，唯使君與下官耳。宣明之徒，不足數也。」（頁 1627～1628）

〔註15〕《宋書》卷四四〈謝晦傳〉校勘記第九條：
按舊本《宋書》〈蔡廓傳〉子與宗附傳、舊本《宋書》〈張茂度傳〉、舊本《宋書》〈張敷傳〉、舊本《南史》〈張邵傳〉子敷附傳並作「狄當」。新本并已校正。《南史》〈蔡廓傳〉子興宗附傳、《南齊書》〈陸慧曉傳〉、《南史》〈陸慧曉傳〉、《南齊書》〈倖臣傳〉、《南史》〈恩倖傳〉並作「秋當」。據《廣韻》，「秋，又姓，宋中書舍人秋當」。胡三省《通鑑》注云：「秋當，人姓名。《姓譜》，秋姓，秋胡之後。」則作秋當者是，作「狄當」者誤。今並校正。（頁 1363）。

有兩傳且內容又大致相同者，除張敷外另有張暢、張淹、張悅等）〔註 16〕云其「遷正員郎」（頁 1663），正是對應於自稱是「員外郎」的中書舍人秋當所謂「同省名家」而言，而這裡所謂「員外郎」「正員郎」乃是將中書舍人與中書侍郎的關係比喻成員外散騎侍郎與散騎侍郎的關係。又江夏王義恭於元嘉元年進號撫軍將軍，至元嘉六年以撫軍將軍之號出鎮荊州軍府，而於元嘉九年以征北將軍之號回鎮廣陵；〔註 17〕由此推算，張敷爲中書侍郎一定是在元嘉六年以後至元嘉九年左右的期間，當時的年紀將近四十歲。

　　阮長之字茂景，陳留尉氏人。祖思曠，金紫光祿大夫；父普，驃騎諮議參軍。阮長之出自陳留阮氏，亦爲門閥世族，故起家即任諸府參軍（第七品），其堂兄阮萬齡（與阮長之同祖）雖頗有素情，卻屢應命出仕且「在州無政績」，依然與袁豹、江夷同被時人謂爲孟昶府中三素望，而被沈約列入〈隱逸傳〉，〔註 18〕想必是由於身爲門閥世族較易爲輿論所推崇的緣故吧！卷九二〈良吏・阮長之傳〉：

> 時王弘爲江州，雅相知重，引爲車騎從事中郎。入爲太子中舍人，中書侍郎，以母老固辭朝直，補彭城王義康平北諮議參軍。元嘉九年，遷臨川內史……在中書省直，夜往鄰省，誤者屢出閤，依事自列門下，門下以闇夜人不知，不受列，長之固遣送之，曰：「一生不侮闇室。」前後所任官皆有風政，爲後人所思，宋世言善治者咸稱之。（頁 2268～2269）

按：彭城王義康於元嘉六年正月領平北將軍，同年三月文帝立皇子劭爲皇太子（〈文帝本紀〉，頁 77），所以阮長之爲中書侍郎必是在元嘉六年至九年之間，時年約五十一歲。由本傳之引文可知阮長之雖「以母老固辭朝直」而推辭中書侍郎這職位，但也曾在中書省內當直過，則知當時中書侍郎與權要絕緣，但仍依舊在宮中當值以備隨時接受皇帝的召詢。至少在形式上仍保有議政的職權，而尚未淪落到「尸官覦服」〔註 19〕的程度。

〔註 16〕《新校本宋書》〈宋書述要〉（二）楊家駱所加之案語：
　　　　駱案：《宋書》闕文，不僅〈到彥之〉一傳……卷六二〈張敷傳〉及卷五九〈張暢傳〉，補闕者未通檢全書，遂將《南史》〈張邵傳〉後張敷、張暢附傳亦一併鈔入，致發現宋書中張敷、張暢各有二傳之情形。（頁 3）。
〔註 17〕《宋書》卷六一〈武三王・江夏文獻王義恭傳〉，頁 1640～1643。
〔註 18〕《宋書》卷九三〈隱逸・阮萬齡傳〉，頁 2283。
〔註 19〕語見《南齊書》卷三二〈王琨、張岱、褚炫、何戢、王延之、阮韜傳〉論，頁 587。

　　劉貞之，劉宋首要開國功臣劉穆之的少子，其家世背景應爲寒庶出身，因其父劉穆之的關係遂爲劉宋一朝的貴門。卷四二〈劉穆之附少子貞之傳〉：

> 穆之少子貞之，中書黃門侍郎，太子右衛率，寧朔將軍、江夏內史。卒官。（頁 1310）

《宋書》中有關劉貞之的記載就只有這些而已，因此他爲中書黃門侍郎的年代不詳。但據同卷〈劉穆之附中子式之傳〉：

> 累遷相國中兵參軍，太子中舍人，黃門侍郎，寧朔將軍、宣城、淮南二郡太守。在任贓貨狼藉，揚州刺史王弘遣從事檢校……還爲太子右率，左衛將軍，吳郡太守。卒，追贈征虜軍。（頁 1309）

王弘爲揚州刺史是在元嘉三年正月至九年五月間（〈文帝本紀〉，頁 74～81），劉貞之兄弟所歷官職，有部份相同，自是兄弟依序爲之，由此可推斷劉貞之爲中書黃門侍郎約在元嘉九年左右，很可能比元嘉九年稍早。

　　殷淳字粹遠，陳郡長平人。曾祖父殷融、祖父殷允都是晉朝的太常，其父殷穆於宋文帝元嘉九年四月乙亥爲特進、右光祿大夫（〈文帝本紀〉，頁 80），又據卷六三〈殷景仁傳〉的起載，殷景仁亦爲陳郡長平人，其曾祖同爲殷融，則殷淳與殷景仁爲同族的堂兄弟，爲門第不太高的世族。卷五九〈殷淳傳〉：

> 淳少好學有美名。少帝景平初，爲祕書郎，衡陽王文學、祕書丞，中書黃門侍郎。淳居黃門爲清切，下直應留下省，以父老特聽還家……在祕書閣撰《四部書目》凡四十卷，行於世。元嘉十一年，時年三十二歲，朝廷痛惜之。（頁 1597）

殷穆由護軍將軍遷特進、右光祿大夫是在元嘉九年四月乙亥，當時常以年老的重臣或患病的資深官員爲特進、光祿大夫等無職任的榮銜，故〈殷淳傳〉中所謂「以父老特聽還家」似應指此時，則殷淳爲中書黃門侍郎的時間當在元嘉九年前後，時年約三十歲。

　　殷淳弟殷沖亦任中書黃門郎，同卷〈殷淳附弟沖傳〉：

> 淳弟沖字希遠，歷中書黃門郎，坐議事不當免。復爲太子中庶子……元凶妃即淳女，而沖在東宮爲劭所知遇，劭弒立，以爲侍中、護軍，遷司隸校尉。沖有學義文辭，劭使爲尚書符，罪狀世祖，亦爲劭盡力。世祖剋京邑，賜死。（頁 1598）

殷沖爲中書黃門郎的時間史書的記載雖無法詳考，但依常理判斷想必在其兄殷淳爲中書黃門侍郎以後。因爲他曾任太子中庶子而在東宮爲劉劭所知遇，

弑立時又成爲其心腹，則殷沖爲太子中庶子的時間離元嘉三十一年一定不會太久，殷沖於任太子中庶子之後又歷任數職，甚至出爲吳興太守，若隔得太久與劉劭的關係可能就疏遠了，且太子中庶子與二省侍郎皆是第五品官，而秘書丞爲第六品官，其充殷淳名望又不在他之下，所以殷沖不可能比殷淳更早擔任中書黃門郎。

范述，史書中無傳，其家世背景與生平事迹皆不可考，唯於卷九三〈隱逸‧龔祈傳〉中帶述之：

> 謝晦臨州，命爲主簿，彭城王義康舉秀才，除奉朝請，臨川王義慶平西參軍，皆不就。風姿端雅容止可觀，中書侍郎范述見而嘆曰：「此荊楚仙人也。」衡陽王義季臨荊州……辟其三子……元嘉十七年，卒。（頁 2285）

臨川王義慶爲平西將軍是在元嘉九年六月（〈文帝本紀〉，頁 81），而衡陽王義季代義慶出鎮荊州軍府則在元嘉十六年二月（〈文帝本紀〉，頁 86）；龔祈即在這期間內拒絕了臨川王義慶的辟召，因而受到當時任中書侍郎的范述的讚賞，由此推測，范述爲中書侍郎也大概在這時候左右，至於起訖時間及當時年齡則完全不可得知。

王錫，劉宋開國功臣王弘長子，其家世背景爲劉宋時代最高門閥琅邪王氏中門第崇高的一支。卷四二〈王弘附子傳〉：

> 少以宰相子，起家爲員外散騎，歷清職，中書郎，太子左衛率，江夏內史。高自位遇。太尉江夏王義恭當朝，錫箕踞大坐，殆無推敬。卒官。（頁 1323）

王弘爲宰相的時間是元嘉三年至九年，而江夏王義恭以太尉、司徒而當朝執政是在元嘉二十一年以後的事（〈文帝本紀〉，頁 91），故由此推測王錫爲中書侍郎約在此時以前的元嘉十年至二十年間。

何偃字仲弘，何尙之的中子，出自廬江何氏，爲門閥世族。卷五九〈何偃傳〉：

> 元嘉十九年，爲丹陽尹，除廬陵王友，太子中舍人，中書郎，太子中庶子。時義陽王昶任東宮，使偃行義陽國事。（頁 1607）

義陽王昶封義陽王在元嘉二十二年二月（〈文帝本紀〉，頁 92），因此何偃爲中書郎的時間可能在這不久前後，時年約三十餘歲。

袁淑字陽源，陳郡陽夏人，丹陽尹袁豹的少子。家世背景爲門閥世族。

卷七○〈袁淑傳〉：

> 少有風氣……不爲章句之學而博涉多通，好屬文，辭采遒豔，縱橫
> 有才辯……衛軍臨川王義慶雅好文章，請爲諮議參軍。頃之，遷司
> 徒左西屬。出爲宣城太守，入補中書侍郎，以母憂去職，爲太子中
> 庶子，元嘉二十六年遷尚書吏部郎。（頁 1835）

臨川王義慶爲衛將軍是在元嘉十六年四月至二十一年正月之間（〈文帝本
紀〉，頁 86～91），而元嘉年間郡太守任期一般都以六年爲一任，因此袁淑由
宣城太守入補中書侍郎，當在元嘉二十二年以後；又古禮丁父母憂皆守喪三
年，門閥世族尤其嚴格遵守這項禮儀，因此袁淑「以母憂去職」的時間，當
在元嘉二十三年之間；故他擔任中書侍郎應該是在元嘉二十二年至二十三年
之間，當時的年紀約三十九歲。

　　孔覬字思遠，祖琳，太常；父邈，揚州治中；出身於會稽山陰孔氏，爲
當時頗有名望的門閥世族，但門第則稍遜於吳郡張氏。卷八四〈孔覬傳〉：

> 覬少骨梗有風力，以是非爲己任。口吃，好讀書，早知名。初舉揚
> 州秀才，補……衡陽王義季安西主簿……召爲通直郎，太子中舍人，
> 建平王友，秘書丞，中書侍郎，隨王誕安東諮議參軍，領記室。（頁
> 2153～2154）

衡陽王義季爲安西將軍是在元嘉十六年二月至二十一年八月之間；建平王宏
封建平王是在元嘉二十一年二月；隨王誕爲安東將軍是在元嘉二十八年。（〈文
帝本紀〉，頁 86～100）由此可知孔覬爲中書侍郎的時間，當在到元嘉二十八
年爲止前的幾年間，但最早應該不早於元嘉二十一年，時年三十餘歲。

　　王微字景玄，干弘弟光祿大夫王孺的兒子；其家世爲最高門第的琅邪王
氏。卷六二〈王微傳〉：

> 微少好學，無不通覽，善屬文，能書畫，兼解音律、醫方、陰陽術
> 數……起家司徒祭酒，轉主簿，始興王濬後軍功曹、記室參軍，太
> 子中舍人，始興王友。父憂去官，服闋。除南平王鑠右軍諮議參軍。
> 微素無宦情，稱疾不就。仍除中書侍郎，又擬南琅邪、義興太守，
> 並固辭。吏部尚書江湛舉微爲吏部郎。（頁 1664～1665）

始興王濬爲後將軍是在元嘉十六年的時候，至元嘉十九年，罷府（卷九九〈二
凶傳〉，頁 2435）；而南平王鑠爲右軍將軍則不知始於何時（史書中無可考），
但知於元嘉二十七年二月由右將軍進號平西將軍（〈文帝本紀〉，頁 98）；又江

湛爲吏部尚書也是在元嘉二十七年（卷七一〈江湛傳〉，頁 1849）；則可以推知王微「除中書侍郎」的時間一定在元嘉二十七年以前，且最早不會早過元嘉二十二年（守父喪三年），時年約三十餘歲。吏部尚書江湛推舉他爲吏部郎，但王微却去函加以婉拒，堅決不肯受任；並以中書侍郎的官位爲滿足，直到元嘉三十年死時似乎都未再升遷。〈王微傳〉：

> 微既爲始興王濬府吏，濬數相存慰，微奉答牋書輒飾以辭采。微爲文古甚，頗抑揚，袁淑見之謂爲訴屈，微因此又與從弟僧綽書曰：「吾雖無人鑒……前言何嘗不以止足爲貴。且持盈畏滿自是家門舊風……吾高枕家巷遂至中書郎，此足以闔棺矣。又前年優旨自弟所宣……」（頁 1666～1668）

由王微給其堂弟王僧綽（王微叔父王曇首之子，元嘉二十八年任侍中）信中的自我剖白，可以看出對於像王微那樣「以止足爲貴」「持盈畏滿」的門閥世族，中書侍郎等「清職」正是他們仕途中理想的官位；他們只要憑藉門蔭，「高枕家巷」即可得到，並認爲如此便「足以闔棺矣」；至於可以參掌選舉的「吏部郎」或州郡長官等有實際事權的官職當然不願受任，甚至連諸王府吏也加以推辭；他們這麼做既可保全身家性命及全家族的政治地位，又可因此而博得清高耿介的名望，而獲得社會輿論的推崇也是提高其家族地位的一種手段，這正是東晉南朝時代那些所謂「素無宦情」的門閥世族所普遍採行的名士作風。中書侍郎到這時候已完全成爲世族們仕途中理想的「清職」，因此王微稱疾不就南平王鑠右軍諮議參軍，仍得除爲中書侍郎，且臥疾在家而可居之，更可見中書侍郎已無職事可言。

蔡興宗，出自濟陽考城蔡氏，爲門閥世族。卷五七〈蔡廓附子興宗傳〉：

> 少好學，以業尚素立見稱。初爲彭城王義康司徒行參軍，太子舍人，南平穆王冠軍參軍，武昌太守。又爲太子洗馬，義陽王友，中書侍郎……出爲司空何尚之長吏。（頁 1573）

晉熙王昶於元嘉二十二年二月受封爲義陽王（〈文帝本紀〉，頁 93），因此推斷蔡興宗爲中書侍郎不可能早於元嘉二十二年，又據卷七一〈王僧綽傳〉：

> （元嘉）二十八年，遷侍中，任以機密……僧綽嘗謂中書侍郎蔡興宗曰……（頁 1850）

及卷九九〈二凶・始興王濬傳〉：

> 建平王宏、侍中王僧綽、中書侍郎蔡興宗並以文義往復……巫蠱事

發時二十九年七月也……其年十二月，中書侍郎蔡興宗問建平王宏
曰：「歲無復幾，征北何當至？」宏歎息良久曰：「年內何必還。」
（頁 2436～2437）

則直到元嘉二十九年十二月之前，蔡興宗一直都擔任中書侍郎，是一項毫無
疑問的事實，且據〈蔡廓附子興宗傳〉的記載，元嘉三十年二月劉劭弒立後，
何尚之進位司空，蔡興宗才解中書侍郎之職而出任何尚之的司空長史，在職
期間並不算短，其年齡約三十餘歲。

蕭惠開，蕭思話長子，蘭陵蕭氏，其家世爲劉宋外戚，經歷若干世代在
氣質上的努力轉化，已從豪門將家過渡爲世族化的性格，蕭惠開雖仍善用於
兵又嚴刑爲治，〔註 20〕但考察其生平所歷官職，除一度以輔國將軍之號出鎮
益、寧二州而與軍旅有關外，其餘都是文官之職（且多數屬於世族所壟斷的
「清職」），更可看出他這一支系的蘭陵蕭氏已逐漸世族化了。〔註 21〕卷八七
〈蕭惠開傳〉：

少有風趣，涉獵文史，家雖貴戚而居服簡素。初爲祕書郎……轉太
子舍人……轉尚書水部郎，始興王濬征北府主簿，南徐州治中從事
史，徙汝陰王友，又爲南徐州別駕，中書侍郎，江夏王義恭大將軍
大司馬從事中郎。孝建元年，自太子中庶子轉黃門侍郎。（頁 2199）

〔註20〕《宋書》卷四七〈蕭惠開傳〉：
改督益、寧二州刺史……惠開素有大志，至蜀，欲廣樹經略……先是惠開爲
治多任刑誅……晉原一郡遂反，於是諸郡悉應之，並來圍城。城內東兵不過
二千，凡蜀人惠開疑之皆悉遣出……惠開每遣軍出戰未嘗不捷，前後所催破
殺傷不可勝計。外眾逾合，勝兵者十餘萬人。時天下已平，太宗以蜀土險遠，
赦其誅責，遣惠開弟惠基步道使蜀具宣朝旨。惠基既至涪，而蜀人志在屠城
不欲使王命遠達，過留惠基不聽進，惠基率其部曲破其渠帥馬興懷等，然後
得前。惠開奉旨歸順，城圍得解。時太宗遣惠開宗人寶首水路慰勞益州，寶
首欲以平蜀爲功，更獎說蜀人，於是處處蜂起，凡諸離散者一時還合。渠帥
趙燕、句文章等與寶首屯軍于上，去成都六十里，眾號二十萬人……遣宋寧
太守蕭惠訓、別駕費欣業萬兵並進，與戰大破之，生禽寶首囚於成都縣獄。（頁
2201～2202）
由以上之引文可知蕭惠開兄弟眞不愧爲將門虎子，依然保有果敢驍勇的作風
而善於以寡擊眾。
〔註21〕《新唐書》卷一九九〈柳冲傳〉以蘭陵蕭氏與琅邪王氏、陳郡謝氏、袁氏並
列爲四大僑姓，但蕭氏因係南齊及梁的宗室，雖是大族，唯宗室的性質與世
族稍異；《新唐書》所載，乃是從後代的眼光看陳朝以後蕭氏由宗室轉化爲世
族的事實，與劉宋時期的實際情形頗有出入。只有蕭源之後裔一系，由於與
劉宋皇室的特殊關係及本身在文化上的學養，漸有走向世族化的趨勢。

始興王濬於元嘉二十六年十月以征北將軍領南徐、兗二州刺史，至元嘉三十年正月才轉爲衛將軍、荊州刺史；而汝陰王渾於元嘉二十九年七月時改封爲武昌王；又義恭爲大將軍是在元嘉二十九年十二月，到元嘉三十年四月轉任太尉；（〈文帝本紀〉，頁 98～102）因此蕭惠開爲中書侍郎約在元嘉二十九年左右，最早不會早於元嘉二十八年，最晚必在元嘉三十年四月之前，時年約三十歲左右。

卷一〇〇〈自序〉沈約記述其父沈璞於元嘉二十八年二月，在盱眙城拒退了拓跋燾所率領的北魏數十萬大軍的攻圍，因功徵還朝廷，與謝莊、陸展並被何尚之推舉爲中書郎。〈自序〉：

> 時中書郎缺，尚書令何尚之領吏部，舉璞及謝莊、陸展，事不行，（頁
> 2464）

何尚之爲尚書令是在元嘉二十八年五月，又已知當時有蔡興宗爲中書侍郎，〈自序〉所謂「時中書郎缺」並舉沈璞等三人補之，但沒有被朝廷所同意而「事不行」，則當時中書郎應有三個缺，由此亦可推知蕭惠開爲中書侍郎必在這以後才被任命的。

沈璞，沈約的父親，沈林子之少子，出身於吳興武康沈氏，原爲江南的大豪族，自沈林子、沈田子兄弟爲宋武帝劉裕的開國武勳，以武家而獲得相當的政治地位後，即開始逐漸轉化爲文官世族的性格，沈林子本身已稍有文學，沈璞更是「學優才贍，文義可觀」（〈自序〉引文帝對始興王濬所言，頁2461），至沈約時已純然爲一文學名士了。〔註22〕沈璞之於吳興沈氏正如蕭惠開之於蘭陵蕭氏的地位，只是沈璞、沈約父子文官化的程度更甚於蕭氏，文學素養也較高，因此社會聲望與地位也比蕭氏更早達到頂峰（齊、梁之際）。

謝莊，出自陳郡陽夏謝氏，爲門第極崇高的門閥世族。卷八五〈謝莊傳〉無其任中書侍郎之記載。

陸展，吳郡吳人，益州刺史陸徽弟，卷九二〈良吏‧陸徽附弟展傳〉：

> 弟展，臧質車騎長史，尋陽太守，質敗，從誅。（頁 2268）

《宋書》中對他的記載就只這些而已，但由其兄陸徽的生平事迹可以看出陸展兄弟是出身於門第不很高的世族。

沈懷文字思明，吳興武康人。祖寂，晉光祿勳；父宣，新安太守。與沈

〔註22〕參照川勝義雄：〈劉宋政權の成立と寒門武人〉，《東方學報》三六期，頁 226
～230）。

演之、沈慶之、沈攸之、沈曇慶同出於漢河間相沈景的後裔，原爲江南的大豪族，至沈懷文時已漸趨向世族化。〔註 23〕沈懷文於元嘉三十年劉劭弒立之後被任命爲中書侍郎，不肯爲劭盡力而投奔孝武帝，立即轉任竟陵王誕的僚佐兼領郡太守，時年四十五歲。卷八二〈沈懷文傳〉：

> 懷文少好玄理，善爲文章……弟懷遠納東陽公主義女王鸚鵡爲妾，
> 元凶行巫蠱，鸚鵡預之，事洩，懷文因此失調，爲治書侍御史。元
> 凶弒立，以爲中書侍郎。世祖入討，劭呼之使作符檄，懷文固辭，
> 劭大怒……值殷沖在坐，申救得免。託疾落馬，間行奔新亭。以爲
> 竟陵王誕衛軍記室參軍、新興太守。（頁 2102）

元嘉二十八年四月有北魏中書郎魯秀及其兄魯爽歸順（〈文帝本紀〉，頁100），因不是劉宋的職官，故不予探討。

自永初元年至元嘉三十年（420～453）三十四年間，正式被任命爲中書侍郎而姓名於史書中有記載者共得二十人，除范述的家世不可考外，其餘幾乎都是出身於世族者，其中唯有劉貞之是因其父劉穆之的關係，蕭思話、蕭惠開父子是因身爲外戚，兩家族因此而成爲劉宋一朝的貴門；蕭氏父子與沈懷文都是原具有豪族的性格過渡爲文官化的世族，蕭氏自蕭源之以來已三代相繼出任中書侍郎之職，已可入「清流」之列了，在氣質上完全轉化了，並得到當時上流社會的承認。劉、蕭、沈三族都可算是崛起於劉宋初年的新世族·但通觀本節所考述各人的生平事迹，這二十人擔任中書侍郎時，若非短期間即另遷他官，便是不關實際政務（沈懷文雖被授以製作符檄的職務，但那是戰亂中的臨時措施，且沈懷文未接受該職即已逃亡了），可見這時期的中書侍郎已完全爲世族所壟斷，成爲籠絡世族的「清職」；起初雖仍須在官中當值，但已毫無職事可言，後來更是「高枕家巷」臥疾不出而仍得長期居之。

〔註 23〕 吳興沈氏是自東漢初即遷至江南，宗族繁茂，故分化得很厲害，其中的各家族宗教信仰互異、利害相衝突，甚至彼此間有著深刻的仇恨，毫無宗族的共同意識。《宋書》卷一〇〇〈自序〉：
靖子戎字威卿，仕州爲從事，說降劇賊尹良，漢光武嘉其功，封爲海昏縣侯，辭不受。因避地徙居會稽烏程縣之餘不鄉，遂世家焉。順帝永建元年，分會稽爲吳郡，復爲吳郡人。靈帝初平五年，分烏程、餘杭爲永安縣，吳孫皓寶鼎二年，分吳郡爲吳興郡，復爲郡人，雖邦邑屢改，而築室不遷。晉武帝平吳後，太康二年，改永安爲武康縣，史臣（沈約）七世祖延始居縣東鄉之博陸里餘烏邨……戎……少子景，河間相，演之、慶之、曇慶、懷之其後也。（頁2443～2444）

又少帝時顏延之爲「正員郎兼中書」，元嘉初又有劉貞之、殷淳、殷沖等人爲「中書黃門侍郎」，且元嘉中任中書侍郎者後來多有轉任黃門侍郎或其他門下系統的職官，由此也可瞭解自少帝以來，中書、門下兩省職事常有混淆，因此兩省郎官可以互兼、互遷，文帝更將中書機要職權移至侍中之手，卻依然保留中書省的組織員額，將中書侍郎以上的官位作爲安置世族的政治酬庸，造成中書侍郎與中書監令一樣淪爲「清」而不「要」的職位。

第三節　宋末中書侍郎之冗雜

中書侍郎之選授原爲世族所襲斷，但自宋孝武帝以來即漸有選用出身於宗室、外戚、寒門及剛由豪族轉化而來的新世族者，這種趨勢在宋明帝以後更爲明顯，尤其是宋齊政權交替之際，蕭齊的宗室及一些效忠於齊的寒門小姓更憑藉著蕭道成專政的權勢而受任中書侍郎。在這段期間內（453～479），世族被選授爲中書侍郎的人數只佔總數（史書中姓名可考者）的一半，宋初中書侍郎之貴族化乃爲之中斷，呈現出士庶雜選的現象。茲分述其家世背景與生平事迹於下：

劉韶，江夏王義恭第三子，爲劉劭所殺，孝武帝即位後追贈中書侍郎，這是入宋以來第一個以中書侍郎爲追贈之官者。卷六一〈武三王・江夏文獻王義恭附子韶傳〉：

> 叡（義恭次子）弟韶字元和，封新吳縣侯，官至步兵校尉。追贈中書侍郎，諡曰烈侯。（頁 1653）

劉嶷，衡陽王義季世子，繼承父親的王爵，其身分爲劉宋的宗室諸王，〈武三王・衡陽文王義季傳〉：

> （元嘉）二十四年，義季病篤……薨於彭城，時年三十三……子恭王嶷字子岐嗣。中書侍郎，太子中庶子。大明七年，薨。（頁 1655～1656）

義季於元嘉二十四年去世時才三十三歲，當時嶷的年紀應不會太大，至多不過十餘歲而已，至大明年間應是二十餘歲，而擔任中書侍郎極可能就在孝建、大明年間。劉嶷貴爲宗室諸王，只因他個人並無特殊事迹，他所擔任過的官職中，唯有中書侍郎、太子中庶子這兩個官職是所謂的「清官」，史書乃略而附記於其父義季傳後。

袁顗，字景章，陳郡陽夏人，袁粲的堂兄，蔡興宗的外甥；父洵，吳郡太守；其家世也是門閥世族。卷八四〈袁顗傳〉：

> 值元凶弒立，宋東將軍隨王誕舉兵入討，板顗爲諮議參軍。事寧，除正員郎，晉陵太守。遭父憂，服闋，爲中書侍郎，又除晉陵太守，襲南昌縣五等子。大明二年，除東海王禕平南司馬、尋陽太守，行江州事。（頁 2148～2149）

據卷五二〈袁湛附弟豹傳〉記載，袁洵死於劉劭弒逆之役平定不久，可能是元嘉三十年或孝建元年，因此袁顗爲中書侍郎應在孝建三年或大明元年，時年約三十七歲。不久又出任晉陵太守（可能是大明元年），在職期間很短。

王僧虔，屬於琅邪王氏中門望最崇的一支。《南齊書》卷三三〈王僧虔傳〉：

> 僧虔弱冠，弘厚，善隸書……孝武初，出爲武陵太守……還爲中書郎，轉黃門郎，太子中庶子。孝武欲擅書名，僧虔不敢顯跡，大明世，常用掘筆書，以此見容。出爲豫章王子尚撫軍長史。遷散騎常侍，復爲新安王子鸞北中郎長史、南東海太守，行南徐州事，二蕃皆帝愛子也。（頁 591～592）

子尚原封西陽王，加撫軍將軍是在大明二年十一月，大明五年四月改封爲豫章王，至大明七年五月進號車騎將軍（《宋書》卷六〈孝武帝本紀〉，頁 122～132）；而新安王子鸞是在大明五年十月遷北中郎將、南徐州刺史（卷八〇〈孝武十四王‧始平孝敬王子鸞傳〉，頁 2063）；因此，推測王僧虔爲中書郎約在大明初，時年約三十餘歲。王僧虔在宦途上雖然很順暢，但由他因擔心其在書法上的名氣會招來孝武帝的忌妒，而常用「掘筆」寫字這件事，可以看出他是如何地謹慎自處以求保身全位，所以他在中書侍郎等職務任內想必也是如此。（這是當時一般門閥世族普遍的仕宦心態）

劉祗，長沙景王道憐長子義欣的次子，雖未嗣封王爵，也是親近的宗室。卷五一〈宗室‧長沙景王道憐附孫祗傳〉：

> 瑾（義欣長子，嗣封爲長沙悼王）弟祗字彥期，大明中爲中書郎。太宰江夏王義恭領中書監，服親不得相臨，表求解職。世祖詔曰：「昔二王兩謝俱至崇禮，自今三臺五省悉同此例。」（頁 1465）

江夏王義恭以太宰領中書監是在大明三年至七年間（〈義恭傳〉，頁 1650），故知劉祗任中書郎的時間爲介於大明三至七年間的某年，至於確定的起訖時間及當時的年齡則不可考。劉祗爲江夏王義恭的堂姪，兩人的關係爲五服內之

親，原有不可相臨爲長官部屬關係的避嫌，因此孝武帝乃引王彪之、王劭及謝混、謝景仁都曾任僕射與尙書的前例下詔特准，並規定從此以後「三臺五省」悉同此例。這裡所謂「三臺五省」當是泛指當時朝廷的重要機關（御史、謁者、都水爲三臺，尙書、中書、門下、秘書、集書爲五省）。「崇禮」即崇禮闥，亦用以稱尙書省，〔註24〕王彪之等四人當時都是尙書官，故稱「俱至崇禮」。由這件事亦可知直到當時中書監令與中書侍郎，雖然都已淪爲毫無職任的「清顯之官」，但至少仍維持著表面的從屬關係，而孝武帝一舉廢去這種不成文的慣例，將使其間的關係更加淡薄。

江智淵，濟陽考城人，湘州刺史江夷的侄兒，父僧安，太子中庶子；其家世背景亦爲門閥世族，且江智淵頗自矜其門第。卷五九〈江智淵傳〉：

> 智淵初爲著作佐郎……世父夷有盛名，夷子湛又有清譽，父子並貴達，智淵父少無名問，湛禮敬甚簡，智淵常以爲恨，自非節歲不入湛門……元嘉末，除尙書庫部郎，時高流官序不爲臺郎，智淵門孤援寡獨有此選，意甚不說，固辭不肯拜。（頁 1609）

江智淵因父親的官位與名望較低，不如伯父江夷、堂兄江湛父子貴達，以至於「門孤援寡」而被授爲「臺郎」，他卻自矜門第而堅拒受拜，極力爭取的結果使他也得到了當時門閥世族應有的特權而歷任「清官」。〈江智淵傳〉：

〔註24〕《宋書》卷九九〈二凶傳〉：
遣人於崇禮闥殺吏部尙書江湛。（頁 2427）
又卷七一〈王僧綽傳〉：
及劭弑逆，江湛在尙書上省，聞變，歎曰：「不用僧綽言，以至於此。」（頁 1851）
如此，則崇禮闥與尙書上省當是指同一地點。又卷三九〈百官志〉上，述漢代尙書制度有如下的記載：
尙書寺居建禮門內。尙書郎入直……奏事明光殿。（頁 1236）
則崇禮闥之名可能源自建禮門，漢代的尙書寺原是最親近的樞要機構，因此在內廷裏辦公，至魏晉時已疎外，且組織與員額日益膨脹，遂成爲外朝最主要的機關，勢必不可能仍留在內廷中，但有時皇帝也召見尙書省內的親信大臣至內廷中商議大政，江湛當時是以吏部尙書的身分奉詔入直上省，草擬廢太子劭的詔文，並在崇禮闥當直以處理機密詔奏，因位處皇帝居寢的深宮上苑，故稱「上省」，《宋書》中有「中書下省」、「侍中下省」、「尙書下省」、「僕射下省」等名詞，但僅見此一「尙書上省」，則「上省」「下省」乃是對應的稱呼，「下省」似乎是在臨近內廷的宮門外，各省的輪值人員則在此當直並寢宿，以備隨時聽候召喚進宮，並在此辦公處理公務及文書。但這些機關仍全都在宮城（臺城）之內，至於如諸王所住的西州、宰相辦公的東府等又在都城之外。

> 竟陵王誕復版爲驃騎參軍……誕將爲逆，智淵悟其機，請假先反。
> 誕事發，即除中書侍郎……遷驍騎將軍，尚書吏部郎……出爲新安
> 王子鸞北中郎長史、南東海太守，加拜寧朔將軍，行南徐州事……
> 大明七年，以憂卒，時年四十六。（頁 1609～1610）

竟陵王誕於大明三年四月據廣陵反（卷七九〈文五王・竟陵王誕傳〉，頁 2027
～2031），又新安王子鸞爲北中將是在大明五年十月，至八年正月進號撫軍將
軍（〈子鸞傳〉，頁 2063～2065），則江智淵爲中書侍郎約在大明三年四月至五
年間，時年約四十二歲。江智淵爲中書侍郎時雖因文詞之美而深受孝武帝恩
禮，但實際上孝武帝只是將他視爲弄臣般地對待，並不是誠心禮遇，更談不
上重用了。〈江智淵傳〉：

> 智淵愛好文義，詞采清贍，世祖深相知待，恩禮冠朝。上燕私甚數，
> 多命群臣五三人游集，智淵常爲其首……上每酣宴輒詬辱群臣，并
> 使自相嘲訐以爲歡笑。智淵素方退，漸不會旨……由此恩寵大衰。（頁
> 1609～1610）

這是當時門閥世族的悲哀，他們雖然可憑藉門第而襲斷了多數的「清官」，但
在雄猜暴虐而又缺乏文化教養的專制君主的淫威底下，他們幾乎全都要出賣
人格尊嚴以換取「清顯」的職位，來維持其家族的政治地位，否則，便得付
出身家性命甚至整個家族前途的代價，只有像蔡興宗那樣的極少數例外者，
才得以既可免於受辱又能保身全位。

　　顏師仲，琅邪臨沂人，顏竣的同族兄弟，但門第則遠不如顏竣（顏竣爲
門第不很高的世族）；父邵爲最受謝晦親信的僚佐之一，元嘉三年朝廷討伐謝
晦，邵畏罪飲藥自殺；兄師伯極受孝武帝寵幸，於大明四至八年間頗具權勢，
官至散騎常侍、尚書僕射領丹陽尹，爲前廢帝子業所誅。卷七七〈顏師伯傳〉：

> 弟師仲，中書侍郎、晉陵太守。（頁 1995）

因顏師仲並無特殊事迹，乃將其資歷中較爲清顯的兩個官職附記於顏師伯傳
末，雖未明言何時所在，但因其門第原近乎寒門，故可想得知必在其兄顏師
伯貴盛用事之後，即大明中。顏師伯雖然因「善於附會大被知遇」，而「親幸
隆密群臣莫二」，但仍頗爲上流社會所鄙嫉。〈顏師伯傳〉：

> 師伯居權日久，天下軸轅，游其門者爵位莫不踰分。多納貨賄，家
> 產豐積，伎妾聲樂盡天下之選，園池第宅冠絕當時，驕奢淫恣爲衣
> 冠所嫉。（頁 1995）

袁粲常以「寒素」凌辱之，卷八九〈袁粲傳〉：

> 其年（大明七年），皇太子冠，上臨宴東宮，愍孫（袁粲本名）勸師
> 伯酒，師伯不飲，愍孫因相裁辱，師伯見寵於上，上常嫌愍孫以寒
> 素凌之，因此發怒，出爲海陵太守。（頁2230）

而且顏師伯早年雖受孝武帝知遇，但孝武帝欲引爲中級僚佐卻屢被文帝拒
絕，原因大概是嫌他出身不高。〈顏師伯傳〉：

> 師伯少孤貧；涉獵書傳，頗解聲樂。劉道產爲雍州，以爲輔國行參
> 軍。弟師仲妻；臧質女也。質爲徐州，辟師伯爲主簿。衡陽王義季
> 代質爲徐州；質薦師伯於義季，義季即命爲征西行參軍……王景
> 文……進之世祖。師伯因求杖節，乃以爲徐州主簿。善於附會，大
> 被知遇……世祖鎮尋陽，啓太祖請爲南中郎府主簿，太祖不許，謂
> 典籤曰：「中郎府主簿那得用顏師伯。」世祖啓爲長流正佐，太祖又
> 曰：「朝廷不能除之，郎可自板，亦不宜署長流。」世祖乃板爲參軍
> 事，署刑獄。及入討元凶，轉主簿。（頁1992）

自魏晉以來司民事的「州」與司軍事的「府」並存，州刺史常同時兼軍府的都
督諸軍事，州的僚屬由刺史辟召，軍府的僚屬則由中央任命。〔註25〕由於州僚
屬的地位比軍府僚屬低，軍府僚佐逐漸侵奪了州官的民事職權，因此隋文帝統
一天下之後，廢郡以州直接統領縣，並罷州官之名只保留都督軍府的僚屬之名。
〔註26〕而軍府僚佐中「行參軍」因地位較低，也可由軍府「板」授；至於「正
參軍」除少數例外大抵都是由朝廷「除拜」，其資格限制較嚴，在元嘉時期多由
世族出任。顏師伯可出任州主簿、軍府行參軍；卻不得被用爲府主簿；但顏竣
於孝武帝遷爲南中郎將時即擔任記室參軍，雖然顏竣在孝武帝的幕府中較久（從

〔註25〕 參照宮崎市定《九品官人法の研究》第一編〈緒論・十九・隋の統一〉，頁58。
〔註26〕 州官有別駕從事史、治中從事史、主簿、西曹書佐、祭酒從事史、部郡從事史
　　　　等名稱；軍府僚佐則有長史、司馬、從事中郎、主簿、祭酒、舍人、諮議參軍、
　　　　諸曹參軍、掾、屬、令史等（隨將軍號的輕重而增減，重號將軍者有十八曹）。
　　　　劉宋時代的十八曹參軍依次爲：錄事、記室、戶曹、倉曹、中直兵、外兵、騎
　　　　兵、長流賊曹、刑獄賊曹、城局賊曹、法曹、田曹、水曹、鎧曹、車曹、士曹、
　　　　集、右戶、墨曹（集字似衍）。城局賊曹以上署正參軍、法曹以下署行參軍，
　　　　其行參軍無署者爲長兼員。以上參照《宋書》卷二九〈百官志〉上，頁1223；
　　　　卷三十〈百官志〉下，頁1257；及《南齊書》卷一六〈百官志〉頁313～314。
　　　　又隋文帝對地方行政制度的改革，參照嚴耕望：《中國地方行政制度史》上編
　　　　（四）：卷中〈魏晉南北朝地方行政制度〉下冊，頁905～906。

撫軍主簿而隨府轉安北、鎮軍、北中郎府主簿），〔註27〕但主要還是顏師伯門第不佳的緣故。然而，顏師伯也不是全無世祚之資的「寒素」，其原因如下：

一、雖不見有關其祖仕宦的記載，但至少其父顏邵曾官至七品（衛將軍府諮議參軍領錄事）。

二、顏師伯雖「少孤貧」，但「涉獵書傳頗解聲樂」，起家即爲「輔國行參軍」，寒素出身者似無此學養與資歷。

三、顏師仲娶臧質的女兒爲妻，而臧質雖出自寒門，但也是劉宋的外戚（臧質姑母爲宋武帝劉裕的皇后），顏師仲若是寒素怎得與貴戚聯姻？

又由顏師伯兄弟與顏竣爲同族的關係看來，他們的家世背景應是「寒門小姓」。顏師伯於永光元年被誅時年四十七歲，由此推測顏師伯任中書侍郎時的年齡約四十歲左右。

褚淵，字彥回，門閥世族。《南齊書》卷三三〈褚淵傳〉：

> 父湛之，驃騎將軍，尚宋武帝女始安哀公主。淵少有世譽，復尚文帝女南郡獻公主，姑姪二世相繼。拜駙馬都尉，除著作佐郎，太子舍人，太宰參軍，太子洗馬，秘書丞。湛之卒……歷中書郎，司徒右長史、吏部郎。（頁425）

褚淵的父親褚湛之死於大明四年五月丙戌（《宋書》卷六〈孝武帝本紀〉，頁126），而褚淵爲吏部郎是在前廢帝景和年間（465），〔註28〕又太宰江夏王義恭於大明六年五月壬寅解領司徒，大明七年九月庚寅新安王子鸞又兼司徒（〈孝武帝本紀〉，頁129～133）；因此褚淵爲中書郎約在大明七年左右（居喪三年），時年約二十九歲。

張悅，父裕，〔註29〕東晉末仕爲琅邪王國郎中令，劉裕令他以藥酒酖毒琅邪王（後即位爲晉恭帝），他卻自飲而卒；張悅出自吳郡張氏，家世背景爲門閥世族。卷五九〈張暢附弟悅傳〉：

〔註27〕顏竣事迹參照《宋書》卷七五〈顏竣傳〉，頁1959～1960。

〔註28〕《南齊書》卷三二〈何戢傳〉：景和世，山陰主就帝求吏部郎褚淵入內侍己，淵見拘逼終不肯從。（頁583）

〔註29〕《宋書》卷四六〈張邵附從子暢傳〉云是「張偉」，但卷五九〈張暢傳〉及《南齊書》卷四一〈張融傳〉所載則爲「張裕」；按《宋書》卷四六傳文後有臣穆附記，謂此卷體例同《南史》而傳末又無論，疑非沈約書，乃後人雜取《高氏小史》及《南史》綴補而成者；故應以「張裕」爲是。

> 暢弟悅亦有美裕。歷中書吏部郎，侍中，臨海王子頊前軍長史、南
> 郡太守。（頁 1607）

傳中並未說明張悅何時爲中書吏部郎，但臨海王子頊爲前將軍是在大明八年（《卷八〇〈孝武十四王·臨海王子頊傳〉，頁 2062），據此推測則張悅可能是在大明中擔任中書吏部郎的。

張緒，字思曼，祖茂度，會稽太守；父演，太子中舍人，出自吳郡張氏，爲門閥世族。《南齊書》卷三三〈張緒傳〉：

> 緒少知名，清簡寡欲……州辟議曹從事，舉秀才。建平王護軍主簿，
> 右軍法曹行參軍，司空主簿，撫軍、南中郎二府功曹，尚書倉部郎。
> 都令史諮郡縣米事，緒蕭然直視不以經懷。除巴陵王文學，太子洗馬，
> 北中郎參軍，太子中舍人，本郡中正，車騎從事中郎，中書郎，州治
> 中，黃門郎。宋明帝每見緒輒歎其清淡，轉太子中庶子。（頁 600）

建平王宏於元嘉二十四年十月壬辰爲中護軍（《宋書》卷五〈文帝本紀〉，頁95），因此張緒起家仕宦必在元嘉二十餘年。又據〈孝武帝本紀〉，孝建三年正月庚寅，立皇弟休若爲巴陵王（頁 118）；又同年三月豫章王子尚爲北中郎將，至大明二年十一月加撫軍將軍，大明七年五月進號車騎將軍；而大明五年十月新安王子鸞亦爲北中郎將（〈孝武十四王傳〉，頁 2058〜2063）；據此推算則張緒爲中書侍郎最早也是在大明七年五月以後的事，可能到前廢帝時才出爲州治中，而黃門郎轉爲太子中庶子則在明帝初年，當時年約四十餘歲。張緒在擔任尚書倉部郎的時候，對於所掌管的職務毫不關心，只是一味追求清譽盛名，但像這樣不負責任的官僚却能憑其門第屢遷美職，而被視爲「清官」的中書侍郎自然也是必經歷的一個職位，這在當時的門閥世族是一種普遍的現象。

劉秉，宋宗室。卷五一〈宗室·長沙景王道憐附孫秉傳〉：

> 秉字彥節，初爲著作郎，歷羽林監，越騎校尉，中書黃門侍郎。太
> 宗泰始初，爲侍中。（頁 1468）

昇明元年十二月，劉秉爲蕭道成所殺，時年四十五歲，則泰始元年時的年齡應是三十三歲。而劉宋時的宗室起家均甚早，則劉秉爲中書黃門侍郎應在大明中，至泰始初始爲侍中。而「中書黃門侍郎」可能是先任中書侍郎之後再遷黃門侍郎，今暫且存疑。

劉景素，建平王宏世子，大明二年建平王宏去世後繼封爲建平王，時建

平王宏年僅二十五歲，因此景素年歲也必仍幼稚，但因其父乃最受孝武帝親愛的皇弟，所以景素年紀雖幼卻早歷顯職。卷七二〈文九王・建平宣簡王宏附子景素傳〉：

> 子景素，少愛文義，有父風。大明四年，爲寧朔將軍、南濟陰太守，徙歷陽、南譙二郡太守，將軍如故。中書侍郎，不拜。監南豫、豫二州諸軍事、輔國將軍、南豫州刺史，又不拜。太宗初，太子中庶子，領步兵校尉。（頁 1861）

景素授中書侍郎約在大明末至永光元年之間，年紀才十多歲，因此不受拜而改授南豫州刺史，又不受拜，兩度授官雖皆「不拜」却已成其資歷（故傳文仍加以記載），所以到了明帝初年便逕授以太子中庶子領步兵校尉的官職。

何戢，出自廬江何氏，爲劉宋時代的門閥世族。《南齊書》卷三二〈何戢傳〉：

> 選戢尚山陰公主，拜駙馬都尉。解褐秘書郎，太子中舍人，司徒主簿，新安王文學，秘書丞，中書郎。景和世，山陰主就帝求吏部郎諸淵入內侍己，淵見拘逼終不肯從，與戢同止月餘日，由是特申情好。明帝立，遷司徒從事中郎……吏部郎。元徽初，諸淵參朝政引戢爲侍中，時年二十九。（頁 583）

大明四年九月丁亥改封襄陽王子鸞爲新安王。（《宋書》卷六〈孝武帝本紀〉，頁 126），當時何戢的年紀才十六歲，未免太年輕了，因此何戢爲新安王文學可能是稍後的事。又劉宋時代除諸王或宗室外，幾乎不見有二十歲以前就擔任中書侍郎者，因此推測何戢爲中書郎可能在大明八年或永光元年（大約在前廢帝即位前後），直到泰始初年才遷爲司徒從事中郎。何戢任中書侍郎時年紀之輕爲劉宋少有的特例。

沈文叔，吳興武康人，太尉沈慶之長子，其家世本爲寒門將家，至其父沈慶之始因軍功而貴盛，〔註30〕兄弟因此多歷任清顯官職。卷七七〈沈慶之

〔註30〕沈慶之雖貴爲三公，却是一文盲武人，且其父、祖也未見記載於史書上，《宋書》卷七七〈沈慶之傳〉：
慶之少有志力。孫恩之亂也，遣人寇武康，慶之未冠，隨鄉族擊之，由是以勇聞……永初二年，慶之除殿中員外將軍……（檀）道濟還白太祖稱慶之忠謹曉兵，上使領隊防東掖門，稍得引接出入禁省……上（孝武帝）嘗歡飲，普令群臣賦詩，慶之手不知書眼不識字，上逼令作詩，慶之曰：「吾不知書，請口授師伯。」（頁 1996～2003）
沈慶之由一宮廷侍衛的小隊長，因受皇帝親任而屢授軍職累立戰功，最後積

附子文叔傳〉：

> 長子文叔；歷中書黃門郎，景和末，爲侍中。（頁 2004）

沈文叔爲中書黃門郎的時間雖不詳，但因其弟沈文季於景和時爲中書郎，故可推知當在大明中。

沈文季，沈文叔弟，沈慶之次子，景和年間爲中書郎。〈沈慶之傳〉：

> 廢帝狂悖無道，眾並勸慶之廢立，及柳元景等連謀以告慶之。慶之
> 與江夏王義恭素不厚，發其事，帝誅義恭、元景等，以慶之爲侍中、
> 太尉，封次子中書郎文季建安縣侯，食邑千戶。（頁 2004）

又《南齊書》卷四四〈沈文季傳〉：

> 文季少以寬雅見知。孝建二年，起家主簿，徵秘書郎……轉太子舍
> 人，新安王北中郎主簿，西陽王撫軍功曹，江夏王太尉東曹掾，遷
> 中書郎。慶之爲景和所殺，兵仗圍宅收捕諸子。文季長兄文叔謂文
> 季曰：「我能死，爾能報。」遂自縊。文季揮刀馳馬去，收者不敢追，
> 遂得免。（頁 775）

新安王子鸞爲北中郎將是在大明五年至七年間，西陽王子尙爲撫軍將軍則在大明二年至七年，江夏王義恭爲太尉自孝武帝即位至被誅前都兼領太尉，因此，推測沈文季可能是在大明末至景和元年間擔任中書侍郎的職務，時年約二十四歲左右。沈文季雖憑藉父蔭，得以經歷像中書郎那樣的「清官」但仍未失武勇，因此被收捕之日能揮刀馳馬突圍而去。但他仍受到門閥世族以門第相輕，且他自己也頗因出自將門而引以爲諱。〔註 31〕

張瓌，字祖逸，吳郡吳人，祖裕（即張茂度，已見於本章第一節），金紫光祿大夫，父永，右光祿大夫。其家世背景爲門閥世族。《南齊書》卷二四〈張瓌傳〉：

> 勳而位至三公；其重要戰功如下：元嘉十九年討平雍州諸山蠻，元嘉三十年
> 平定劉劭弑逆之亂，孝建元年討滅魯爽，大明三年被廣陵討斬竟陵王誕，大
> 明四年平西陽五水蠻。當時的門閥世族多疎隔軍旅日漸文弱化，眞正堪任將
> 帥者唯有像沈慶之這樣出自寒門的武將；又吳興沈氏原即爲江南的大豪族，
> 自晉末以來，屢出將帥之才，因軍功而登上世族之列，其子弟漸趨向文官化
> 而得歷任「清望官」。
>
> 〔註 31〕《南齊書》卷四四〈沈文季傳〉：
> 文季風采稜岸，善於進止。司徒褚淵當世貴望，頗以門戶裁之，文季不爲之
> 屈……遂言及虜動，淵曰：「陳顯達、沈文季當今將略，足委以邊事。」文季
> 諱稱將門，因是發怒。（頁 776）

> 瓌解褐江夏王太尉行參軍，署外兵，隨府轉太傅五官，爲義恭所遇。
> 遷太子舍人，中書郎，驃騎從事中郎，司徒右長史。初，永拒桂陽賊
> 於白下，潰散，阮佃夫等欲加罪，太祖固申明之，瓌由此感恩自結……
> 遭父喪，還吳持服。昇明元年，劉秉有異圖，弟遐爲吳郡，潛相影響……
> 諸張世有豪氣，瓌宅中常有父時舊部曲數百。遐召瓌，瓌僞受旨，與
> 叔恕領兵十八人入郡，與防郡隊主彊弩將軍郭羅雲進中齋取遐，遐踰
> 窗而走，瓌部曲顧憲子手斬之，郡內莫敢動者。（頁443）

按：江夏王義恭爲太傅是在元嘉三十年劉劭弑逆事平後，至孝建三年十月進位太宰，則張瓌爲中書侍郎當在大明年間。又張永白下軍敗是在元徽二年，則張瓌解中書郎任驃騎從事中郎可能是在前廢帝時。（景和元年十二月，以驃騎大將軍建安王休仁爲司徒）

由〈張瓌傳〉所引張瓌以其部曲襲殺吳郡太守劉遐這件事，可以看出吳郡張氏雖歷代多以文官身分出仕，且成爲江南門第最高的門閥世族，但仍保有其原爲地方豪族的性格，在吳郡一地仍有一股龐大的潛在的勢力。因此，張永雖屢喪師被貶，但仍得數度被重用，這想必與其擁有如此的家世背景作後盾有關，張瓌也頗有乃父之風，藉張永遺留下的舊部曲以從事與整個家族前途攸關的冒險，這是一般已經「文弱化」了的門閥世族所不肯輕易嘗試的，難怪他的堂叔張沖會說：「瓌以百口一擲，出手得盧矣。」（《南齊書》卷二四〈張瓌傳〉，頁453～454）

劉敬先，南平王鑠第三子，出繼廬陵王義眞嗣子紹，襲封廬陵王，爲劉宋的宗室。《宋書》卷六一〈武三王·廬陵孝獻王義眞傳附嗣孫敬先〉：

> 義眞無子，太祖以第五子紹字休胤爲嗣，元嘉九年，襲封廬陵王……
> 二十九年，疾患解職，其年薨，時年二十一……無子，南平王鑠第
> 三子敬先嗣。本名敬秀，旣出繼而紹妃褚秀之孫女，故改焉。景和
> 二年，爲前廢帝所害。追贈中書侍郎。諡曰恭王。（頁1639）

劉敬先與他的兩位兄長敬猷（嗣封南平王）、敬淵（封南安縣侯）遇害後的當晚，前廢帝也被弑，［註32］因此，他是被宋明帝追贈爲中書侍郎的，時間是

［註32］《宋書》卷七二〈文九王·南平穆王鑠附敬猷、敬淵傳〉：
前廢帝景和末，召鑠妃江氏入宮，使定右於前逼迫之，江氏不受命。謂曰：「若不從，當殺汝三子。」江氏猶不肯，於是遣使於第殺敬猷、敬淵、敬先，鞭江氏一百。其夕廢帝亦殞。（頁1858）

泰始元年，也是劉宋第二個以中書侍郎爲追贈之官者。

路茂之，孝武帝生母路太后的侄兒，其家世背景爲寒門小姓，其父路道慶爲懷安令。卷四一〈后妃・文帝路淑媛傳〉：

> 文帝路淑媛諱惠男，丹陽建康人也。以色貌選入宮，生孝武帝，拜
> 爲淑媛……大明四年，太后弟子撫軍參軍瓊之上表曰：「先臣故懷安
> 令道慶……有司承旨奏贈給事中。瓊之及弟休之、茂之並超顯職……
> 初太宗少失所生，爲太后所攝養……太宗廢幼主，欲說太后之心，
> 乃下令書曰：「……茂之可中書侍郎。」太宗未即位，故稱令書。茂
> 之又遷司徒從事中郎。（頁1286～1289）

如此則路茂之爲中書侍郎是在宋明帝即位的前夕，不久又遷爲司徒從事中郎。以路茂之的家世背景而言，原是沒有資格擔任像中書侍郎這一類的「清官」，但因藉著路太后的庇蔭才得以「超授」此等清顯之職。

顏㦮，顏延之第三子，其家世背景爲世族。卷七三〈顏延之附子㦮傳〉：

> 太宗即位，詔曰：「延之昔師訓朕躬，情契兼款。前記室參軍、濟陽
> 太守㦮伏勤蕃朝，綢繆恩舊。可擢爲中書侍郎。」㦮，延之第三子也。
> （頁1904）

則顏㦮任中書侍郎爲泰始元年或二年間，雖然他假以時日仍可望受任，但此時却因其父顏延之曾師訓宋明帝，他本身又爲蕃朝舊僚這兩層恩澤，得以提前被擢爲中書侍郎。由此亦可見中書侍郎雖選授不如從前隆重，但在時人（甚至皇帝）的眼中仍是一個「清顯」的職務，因此，路茂之與顏㦮被授爲中書侍郎，都要特別以令書或詔書宣示一番。

殷瑗，陳郡長平人；父道鸞，衡陽王義季右軍長史；其弟殷琰爲豫州刺史，爲部下所挾持而響應晉安王子勛之亂。他們兄弟倆雖與殷景仁同族，但家族背景則稍遜，屬於寒門小姓。卷八七〈殷琰傳〉：

> 太宗知琰逼迫士人，事不獲已，猶欲羈縻之。以琰兄前中書郎瑗爲
> 司徒右長史，子邈爲山陽王休祐驃騎參軍。（頁2205）

如此，則殷瑗爲中書侍郎是在泰始二年之前，至於何時始任及當時年歲則不可考。

宋明帝以皇叔的身分，使親信阮佃夫等勾結宮中侍衛發動政變，弒其侄兒前廢帝而自立，諸州郡乃奉孝武帝第三子江州刺史晉安王子勛起兵討逆，泰始二年正月七日，子勛即位於尋陽城，改景和二年爲義嘉元年，故筆者將

晉安王子勛在尋陽所成立的政權稱之爲「義嘉政權」，授其兄弟諸王及鄧琬、袁顗、張悅等以重要名位，其餘的諸將佐及起兵諸州郡刺史、太守均加官爵，其中有鄱陽內史丘景先、廬陵內史殷損、西陽太守謝稚、後軍府記室參軍孫詵、長沙內史孔靈產、參軍事沈伯玉、荀道林並爲中書侍郎。依劉宋的定制，中書侍郎的名額爲四員，而義嘉政權一次即任命七人爲中書侍郎，可見戰亂之際多以名位官爵爲籠絡人心的工具，〔註33〕這七個人中除了沈伯玉的家世背景可考外，其餘都不得確知。卷一○○〈自序〉：

> 伯玉字德潤，虔子子也。溫恭有行業，能爲文章。少除世祖武陵國侍郎，轉右常侍，南中郎行參軍，自國入府，以文義見知……出爲晉安王子勛前軍行參軍，侍子勛讀書。隨府轉鎮軍行佐……乃轉伯玉爲參軍事。子勛初起兵轉府功曹，及即僞位以爲中書侍郎。（頁2465～2466）

沈伯玉是剛由豪族轉化而來的新世族，一生仕途坎坷頗不如意，他爲義嘉政權的中書侍郎時年已四十八歲。

同時，朝廷方面也有以在前線作戰的將領沈懷明、劉亮爲中書郎的措施，但不爲宋明帝所同意而作罷。卷八四〈鄧琬傳〉：

> 時胡（劉胡）等兵眾強盛，遠近疑惑。太宗欲綏慰人情，遣吏部尚書褚淵至虎檻選用將帥以下，申謙之、杜幼文因此求黃門郎，沈懷明、劉亮求中書郎。建安王休仁即使褚淵擬選，上不許，曰：「忠臣殉國不謀其報，臨難以干朝典豈臣下之節邪。」（頁2140）

中書郎、黃門郎在時人眼中實在是一個令人羨慕的美職，連見隔清途的武將也想趁機干求此清望官，然其求固意在位望而不在班秩。宋明帝想藉授以朝廷官爵來激勵他們作戰的士氣，卻又嚴詞加以訓斥，並拒絕了他們的要求。沈懷明爲沈慶之兄沈敞之的孫子，其家世背景原爲江南的大豪族，祖、父世代爲將，但皆積功而官至五品的郡太守、州刺史、黃門郎；因此，沈懷明的家世頗爲特殊——武將世族，卷七七〈沈慶之附兄敞之孫懷明傳〉：

〔註33〕義嘉政權所建置的朝廷文武百官計有：司徒、驃騎將軍、揚州刺史、車騎將軍、衛將軍、撫軍將軍、左將軍、領軍將軍、安北將軍、征虜將軍、尚書左僕射、右僕射、吏部尚書、侍中（一員）、黃門侍郎（三員）、中書侍郎（七員）、尚書左丞、右丞、通直郎（一員）、正員郎（二員）、衛尉、司徒主簿、寧朔將軍、秘書丞、尚書殿中郎、中書通事舍人（三員）（見《宋書》卷八四〈鄧琬傳〉，頁2134～2135）。

> （沈慶之）兄子僧榮，敞之之子也……大明中，爲兗州刺史。景和
> 中，徵爲黃門郎，未還，卒。子懷明，太宗泰始初，居父憂，起爲
> 建威將軍，東征南討有功……歷位黃門侍郎，再爲南兗州刺史。（頁
> 2005）

劉亮爲劉宋宗族劉懷默的孫子，與劉宋皇室雖爲同族，但關係較疏，亦世代
爲將。卷四五〈劉懷愼附弟懷默孫亮傳〉：

> 懷愼弟懷默，冠軍將軍、江夏內史，太中大夫。懷默子道球……道
> 球弟孫登，武陵內史。孫登子亮……太宗泰始初，爲巴陵王休若鎮
> 東中兵參軍，北伐南討，功冠諸將……歷黃門郎，梁、益二州刺史。
> （頁 1377）

宋明帝雖然拒絕了他們在前線作戰時自己所要求的中書侍郎，但他們於戰後
却都得歷黃門郎，黃門郎雖與中書郎同列第五品，但在位望上較高，當時多
先經歷中書郎等官後再遷爲黃門郎。

巢尚之，魯郡人，爲寒門小姓出身的士人。卷九四〈恩倖・戴法興附巢
尚之傳〉：

> 魯郡巢尚之，人士之末，元嘉中，侍始興王濬讀書，亦涉獵文史……
> 太宗初，復以尚之兼中書通事舍人、南清河太守。二年，遷中書侍
> 郎，太守如故。未拜，改除前軍將軍，太守如故。侍太子於東宮。（頁
> 2303～2305）

巢尚之是劉宋時代極少數得以由中書舍人遷爲中書侍郎等「清官」的特例，
雖是由於他頗涉獵文史，得權用事之際又頗有德行，且他的身世雖無世祚之
資，仍得列「人士之末」，可見亦非不學無術的佞倖之輩；但主要還是宋明帝
即位後，帶來了另一批自己的親信班子（如阮佃夫、王道隆等人），對於孝武
帝所留下來的那班中書舍人自然較疏遠，於是，等政權穩定下來後（泰始二
年），便藉故將巢尚之昇遷美職，實際上是暗奪其權力而移諸阮佃夫等新權
要。中書侍郎職位清顯，選授較重但久失實權，巢尚之本身的條件正好可適
合；但仍未受拜即改除四品武職。

王蘊，王景文的侄兒，因其父王楷人才凡劣的關係，而不受當時上流社
會所敬重，泰始初，乃發憤爲將，亂平後轉爲中書黃門郎。卷八五〈王景文
附兄子蘊傳〉：

> 景文兄子蘊字彥深。父楷，太中大夫，人才凡劣，故蘊不爲群從所

禮，常懷恥慨。家貧，爲廣德令，會太宗初即位，四方叛逆，蘊遂感激爲將……景文甚不說，語之曰：「阿益，汝必破我門戶。」阿益者，蘊小字也。事寧，對封陽縣男，食邑三百戶。爲中書黃門郎，晉陵、義興太守。（頁 2184）

王蘊的父親王楷人才凡劣，仍得仕官至太中大夫（約爲五品官），若非因其爲門閥世族勢必不可能如此，因此，王蘊爲中書黃門郎並不全靠軍功，恐怕與其門第有很大的關係。史書傳文之意似乎是先爲中書郎再遷黃門郎，今暫存疑。當時的門閥世族多好「清官」，不肯擔任有實權的官職以免捲入政爭的旋渦，更不樂居武將之職，因而王景文對王蘊自求爲將頗不諒解。

蕭惠徽，廣州刺史羊希（太山南城羊氏，特進羊玄保的姪兒，世族）的女婿，家世背景不詳，但很可能是蘭陵蕭氏中門第較不顯赫的一支，豪族或寒門小姓。在廣州的東莞太守任內，於劉思道之亂時兵敗被殺，事平後追贈中書郎。卷五四〈羊玄保附兄子希傳〉：

泰始三年，出爲寧朔將軍、廣州刺史。希初請女夫鎮北中兵參軍蕭惠徽爲長史，帶南海太守，太宗不許。又請爲東莞太守……希以沛郡劉思道行晉康太守，領軍伐俚。思道違節度，失利，希遣收之。思道不受命，率所領攻州……思道進攻州城，司馬鄒嗣之拒之西門，戰敗又死。希踰城走，思道獲而殺之……東莞太守蕭惠徽率郡文武千餘人攻思道，戰敗，又見殺，時龍驤將軍陳伯紹率軍伐俚，還擊思道，定之。贈希輔國將軍（第三品），惠徽中書郎（第五品），嗣之越騎校尉（第四品）。（頁 1537～1538）

宋明帝泰始四年改輔國將軍爲輔師將軍，〔註 34〕故羊希被贈輔國將軍必在此之前；而他是在泰始三年二月出任廣州刺史至泰始四年三月被殺（卷八〈明帝本紀〉，頁 160～163）。因此，蕭惠徽被追贈爲中書侍郎即在泰始四年，至於年歲則不可考。蕭惠徽的門第雖不高，但由於他生前已經是郡太守（五品），乃得因爲國捐軀之烈而受贈相同品秩但較清顯的中書侍郎。鄒嗣之雖追贈爲四品，但因越騎校尉乃武職，不如中書侍郎清顯。

何求，字子有，劉宋司空何尚之的孫子，父何鑠，宜都太守。出自廬江何氏，家世背景爲門閥世族。《南齊書》卷五四〈高逸·何求傳〉：

〔註34〕《宋書》卷三九〈百官志〉上：
輔國將軍……宋太宗泰始四年，改爲輔師，後廢帝元徽二年復故。（頁 1226）

> 解褐著作郎……太子中舍人，泰始中，妻亡，還吳葬舊墓，除中書
> 郎，不拜。仍在吳，居波若寺……初，求母王氏爲父所害，求兄弟
> 以此無宦情。（頁937～938）

何求雖無宦情，但因身爲門閥子弟，朝廷乃屢授以清顯之職，他卻不肯接受，不愧爲高逸之士。

陸澄，字彥淵，吳郡吳人；祖邵，臨海太守；父瑗，州從事；其家世背景爲世族（江南土著大姓之一）。《南齊書》卷三九〈陸澄傳〉：

> 澄少好學，博覽無所不知，行坐眠食手不釋卷。起家太學博士……
> 宋泰始初，爲尚書殿中郎……轉通直郎兼中書郎，尋轉兼左丞。泰
> 始六年……尋轉著作正員郎，兼官如故。（頁681）

據本傳所載，陸澄以通直散騎侍郎兼中書侍郎，當在泰始初年，最慢也是在泰始六年以前，時年約四十餘歲。而兼職中書侍郎的時間並不長即改兼尚書左丞，此後一直未見眞除中書侍郎。

謝朏，字敬冲，謝莊之子，出自陳郡謝氏，門閥世族。《梁書》卷一五〈謝朏傳〉：

> 祖弘微，宋太常卿；父莊，右光祿大夫，並有名前代。朏幼聰，莊
> 器之，常置左右。年十歲，能屬文……起家撫軍法曹行參軍，遷太
> 子舍人，以父憂去職。服闋，復爲舍人，歷中書郎，衛將軍袁粲長
> 史……尋遷給事黃門侍郎……齊高帝爲驃騎將軍輔政，選朏爲長
> 史，勅與河南褚炫、濟陽江斅、彭城劉俁俱入侍宋帝，時號爲天子
> 四友。續拜侍中，並掌中書、散騎二省詔冊。（頁261～262）

謝莊死於泰始二年，則謝朏爲中書郎最早不可能早於泰始五年；又袁粲爲衛將軍是在元徽元年（《宋書》卷四九〈袁粲傳〉，頁2231），則謝朏可能到元徽年間才解中書侍郎之職，時年約三十餘歲。

王諶，字仲和，東海郯人；祖萬慶，員外常侍；父元閔，護軍司馬。東海王氏出自魏大儒王肅之後，其父、祖官位雖不顯達，但其家世背景仍可算是「世族」。《南齊書》卷三四〈王諶傳〉：

> 又除度明帝衛軍府。諶有學義，累爲帝蕃佐。及即位，除司徒參軍，
> 帶薛令，兼中書舍人，見親遇常在左右。諶見帝所行慘僻，屢諫不從，
> 請退，坐此見怒，繫尚方，少日出。尋除尚書殿中郎，徙記室參軍，
> 正員郎，薛令如故。遷兼中書郎，晉平王驃騎板諮議……復爲桂陽王

驃騎府諮議參軍，中書郎……出爲臨川內史。（頁 616～617）

晉平王休祐爲驃騎大將軍是在泰始元年十二月至七年二月之間（《宋書》卷七二〈文九王·晉平刺王休祐傳〉頁 1879～1880）；又桂陽王休範爲驃騎大將軍是在泰始七年六月，至泰豫元年四月進位司空（〈明帝本紀〉，頁 168～169）。則王諶遷「兼中書郎」當在泰始年間，而正式實授中書郎則在泰豫元年，不久即解任，時年紀已五十歲左右了。他曾兼中書舍人，但因忤逆了宋明帝而受到明升暗降的遭遇。

虞愿，字士恭，會稽餘姚人；祖賚，給事中，監利侯；父望之，早卒。其家世背景爲寒門小姓，因曾爲宋明帝蕃國舊僚而頗受厚遇，先以通直散騎侍郎兼中書郎，出任郡太守而頗立治績之後，再正式實授爲中書侍郎。《南齊書》卷五三〈良政·虞愿傳〉：

> 再遷湘東王國常侍……明帝立，以愿儒吏學涉，兼蕃國舊恩，意遇甚厚。除太常丞，尚書祠部郎，通直散騎侍郎，領五郡中正、祠部郎如故。帝性猜忌……勑靈臺知星二人給愿，常直內省，有異先啓，以相檢察……雖數忤旨，而蒙賞賜猶異餘人。遷兼中書郎。帝寢疾，愿常侍醫藥……愿以侍疾久，轉正員郎。出爲晉平太守……以母老解職，除後軍將軍……遷中書郎，領東觀祭酒。兄季，爲上虞令，卒。愿從省步還家，不待詔便歸東。除驃騎將軍，遷廷尉，祭酒如故……建元元年，卒。年五十四。（頁 915～917）

虞愿是在泰始末遷兼中書郎，至宋明帝死後出爲晉平太守後再正式轉任中書郎，時間可能在元徽末，時年約四十餘歲。虞愿在宋明帝時代雖然曾爲通直散騎侍郎兼中書郎，且與明帝頗親近，但也只不過是負責一些有如星文災變、服侍皇帝醫藥之類的瑣事，並不關涉到政務，可見當時的中書、門下（包括散騎）兩省郎官，雖有時也與皇帝保持很親密的關係，但仍完全被排拒於權力核心之外，他們只扮演著皇帝的弄臣或僕役的角色，毫無實權可言，這正顯示出中書侍的品位雖然已經很清顯了，但仍未脫皇帝私人侍臣的意味。

王奐，王景文的侄兒；祖僧朗，宋左光祿、儀同；父粹，黃門郎；奐出繼從祖中書令球，故字彥孫。出自琅邪王氏，爲門閥世族。《南齊書》卷四九〈王奐傳〉：

> 解褐著作佐郎，太子舍人，安陸王冠軍主簿，太子洗馬，本州別駕，中書郎，桂陽王司空諮議，黃門郎。元徽元年，爲晉熙王征虜長史、

江夏内史，遷侍中，領步兵校尉。（頁847）

桂陽王休範爲司空是在泰豫元年，至元徽元年進位太尉（《宋書》卷七九〈文
五王・桂陽王休範傳〉，頁2046），則王奐爲中書侍郎的時間當在宋明帝末年，
時年約三十八歲左右。

蔡景玄，《南史》稱其本名曰蔡順，《宋書》避梁諱故稱字，蔡興宗長子，
出自濟陽考城蔡氏，家世背景爲世族。卷五七〈蔡廓附子興宗傳附景玄〉：

> 景玄雅有父風，爲中書郎，晉陵太守，太尉從事中郎。昇明末卒。（頁
> 1585）

昇明二年二月蕭道成爲太尉，則其爲晉陵太守當在元徽年間，因此推測蔡景
玄爲中書侍郎可能不會早於明帝晚年。又當時世族爲中書郎者多年逾三十，
而其父蔡興宗死於泰豫元年，享年五十八歲，則蔡景玄三十餘歲時正當泰始
年間；且其弟蔡約雖尚孝武帝女安吉公主，但也從元徽年間才開始任官（《南
齊書》卷四六〈蔡約傳〉，頁804）。由以上的間接資料可推測得知，蔡景玄爲
中書郎較可確信的時間，當在泰始末至元徽年間。

蕭惠基，蕭思話第四子，出自蘭陵蕭氏，爲逐漸世族化的外戚豪門。從
其祖父蕭源之起已三代皆受任中書侍郎，惠開、惠基兄弟也先後居之。《南齊
書》卷四六〈蕭惠基傳〉：

> 惠基幼以外戚見江夏王義恭，歎其詳審，以女結婚。解褐著作佐
> 郎……泰始初，兄益州刺史惠開拒命，明帝遣惠基奉使至蜀宣旨慰
> 勞……還爲太子中舍人……出爲武陵内史，中書黃門郎……桂陽之
> 役……太祖頓新亭壘，以惠基爲軍副……出爲豫章太守。還爲吏部
> 郎，遷長兼侍中。袁粲、劉秉起兵之夕……時直在侍中省。（頁810）

如所引史文得知，蕭惠基爲中書黃門郎約在宋明帝末年至元徽二年左右，時
年四十餘歲。

檀超，字悅祖，高平金鄉人；祖弘宗，宋南琅邪太守。與宋初開國武勳
檀道濟同族（高平檀氏原是世代爲將），其家世背景爲寒門小姓。《南齊書》
卷五二〈文學・檀超傳〉：

> 超少好文學，放誕任氣，解褐州西曹。嘗與別駕蕭惠開共事，不爲
> 之下。謂惠開曰：「我與卿俱起一老姥，何足相誇？」蕭太后，惠開
> 之祖姑，長沙王道憐妃，超祖姑也……孝武聞超有文章，敕還直東
> 宮，除驃騎參軍、寧蠻主簿，鎮北諮議。超累佐蕃職，不得志，轉

> 尚書度支郎，車騎功曹，桂陽內史。入爲殿中郎，兼中書郎，零陵
> 內史，征北驃騎記室，國子博士，兼左丞。（頁 891）

檀超爲尚書殿中郎兼中書郎，由史傳文意不能確知是在何時，很有可能是泰始末或元徽初。

江斅，字叔文；其曾祖江夷、祖江湛並貴達，皆有盛名清譽；其父著作郎江恁與江湛並爲劉劭所殺，其母爲宋文帝女淮陽公主；少有美譽，爲宋孝武帝所稱美，尙孝武帝女臨汝公主。其家世背景爲門閥世族。《南齊書》卷四三〈江斅傳〉：

> 除著作郎，太子舍人，丹陽丞。時袁粲爲尹，見斅歎曰：「風流不墜
> 政在江郎。」……遷安成王撫軍記室，秣陽丞，中書郎。斅庶祖母
> 王氏老疾……及累居內官，每以侍養陳請，朝廷優其朝直。尋轉安
> 成王驃騎從事中郎……褚淵爲衛軍……引爲長史。（頁 757）

安成王（即宋順帝）於泰始七年七月拜撫軍將軍，至元徽二年九月進號車騎將軍，元徽四年九月又進號驃騎大將軍（《宋書》卷十〈順帝本紀〉，頁 193）；又褚淵爲衛將軍是在昇明元年順帝即位時（《南齊書》卷二三〈褚淵傳〉，頁 428），則江斅爲中書郎可能在宋後廢帝在位的五年間，年紀才二十餘歲。江斅爲中書侍郎而以侍養祖母爲由被優免朝值，加以年紀尚輕，可見中書侍郎只是被作爲優崇的「清官」而隨意除授，這在蕭道成當政後即成爲一項政策性的措施。

蕭嶷，字宣儼，蕭道成次子，蘭陵蕭氏，其家世背景原爲世代爲將的豪族，劉宋時代，蕭道成這一支系的門第遠遜於蕭思話那一支系，屬於寒門小姓；但因蕭道成累立戰功，且受褚淵的援引參預朝政，元徽年間又屢平宋宗室內亂，終於實際控制了政權，而成爲新興的權貴盛門，等到蕭道成發動政變施行廢立之後，則禪代之勢已成；蕭道成得權後乃大力提拔其子弟、族人，授以清顯的官職，以提昇其原本不高的門望。蕭嶷即在這背景下憑藉其父的權勢而出任中書侍郎。《南齊書》卷二二〈豫章文獻王傳〉：

> 桂陽之役，太祖出頓新亭壘，板嶷爲寧朔將軍，領兵衛從。休範率
> 士卒攻壘南，嶷執白虎幡督戰，屢摧却之。事寧，遷中書郎。尋爲
> 安遠護軍、武陵內史。（頁 405）

則蕭嶷爲中書侍郎是在元徽二年桂陽王休範之役平定後，時年約三十一歲。

蕭緬，字景業，蕭道成次兄蕭道生的第三子。《南齊書》卷四五〈宗室‧

安陸昭王緬傳〉：

> 初爲秘書郎，宋邵陵王文學，中書郎。建元元年⋯⋯轉太子中庶子。
> （頁 794）

蕭緬在宋末（元徽至昇明年間）爲中書侍郎時年約二十餘歲。

蕭長懋，字雲喬，爲蕭道成的長孫。《南齊書》卷二一〈文惠太子傳〉：

> 世祖年未弱冠而生太子，爲太祖所愛⋯⋯（沈攸之）事寧，世祖遣
> 太子還都，太祖方創霸業，心存嫡嗣，謂太子曰：「汝還，吾事辦矣。」
> 處之府東齋，令通文武賓客⋯⋯轉秘書丞，以與宣帝諱同，不就，
> 改除中書郎，遷黃門侍郎，未拜。昇明三年⋯⋯出太子爲⋯⋯雍州
> 刺史。（頁 397）

則蕭長懋爲中書侍郎是在昇明二年，時年二十一歲。以上三人皆因身爲蕭道
成的子、侄、孫而得任中書侍郎，除蕭嶷與一般世族子弟任中書侍郎的資歷
接近（年紀也稍早些，只有高門閥的子弟才得於三十歲左右任中書郎）外，
蕭緬、蕭長懋非常明顯地超出了一般常例。

劉悛，劉勔的兒子，世代爲將，由於是劉宋帝族較疏的旁支，而劉勔又
頗立戰功，且名望很高，因此其家世背景爲武將世族，他本人也是以武勳而
起家的。《南齊書》卷三七〈劉悛傳〉：

> 劉悛字士操，彭城安上里人也。彭城劉同出楚元王，分爲三里，以
> 別宋氏帝族。祖穎之，汝南、新蔡二郡太守。父勔，司空⋯⋯隨父
> 勔征竟陵王誕於廣陵，以功拜駙馬都尉，轉宗愨寧蠻府主簿，建安
> 王司徒騎兵參軍。隨父勔征殷琰於壽春，於橫塘、死虎累戰皆勝⋯⋯
> 遷振武將軍、蜀郡太守，未之任，復從父勔征討⋯⋯建平王景素
> 反⋯⋯除中書郎，行宋南陽八王事，轉南陽王南中郎司馬、長沙內
> 史，行湘州事。未發，霸業初建，悛先致誠節。（頁 649～650）

元徽四年七月戊子，建平王景素反（《宋書》卷九〈後廢帝本紀〉，頁 186）；
則劉悛爲中書郎當在元徽四年至昇明元年之間，[註35]時年約四十歲左右。

褚炫，字彥緒，褚淵的堂弟；祖秀之，宋太常；父法顯，鄱陽太守。出

〔註35〕《南齊書》卷三七〈劉悛傳〉：
　　　　初，蒼梧廢，太祖集議中華門，見悛，謂之曰：「君昨直耶？」悛答曰：「僕
　　　　昨乃正直，而言急在外。」（頁 651）
　　　　若當時劉悛已解中書侍郎之職，則蕭道成就不會問他是否當直，可見他是直
　　　　到昇明元年才轉職的。

自河南陽翟褚氏，其家世背景爲門閥世族。《南齊書》卷三二〈褚炫傳〉：

> 炫少清簡，爲從舅王景文所知……累遷太子舍人，撫軍車騎記室，
> 正員郎。從宋明帝射雉……遷中書侍郎，司徒右長史。昇明初，炫
> 以清尚，與劉俁、謝朏、江斅入殿侍文義，號爲「四友」。遷黃門郎，
> 太祖驃騎長史。（頁 582）

又《宋書》卷十〈順帝本紀〉昇明元年八月庚午條：

> 司空長史謝朏、衛軍長史江斅、中書侍郎褚炫、武陵王文學劉俁（當
> 是劉俁之誤）入直殿省，參侍文義。（頁 194）

綜合以上兩段引文可知，褚炫可能是從宋明帝末年就開始擔任中書侍郎，直到昇明元年時才解職，時年約三十餘歲。又當時入侍的「四友」，除劉俁外，皆是曾擔任過中書侍郎者，由此亦可見中書侍郎職位之清美。

　　丘靈鞠，吳興烏程人；祖系，秘書監。其家世背景可能屬於小姓，其父雖不見仕宦，但其祖已仕官至第三品的秘書監，應非寒門；然丘氏雖爲吳興著姓，却極少見諸史傳，可見其門第不顯。《南齊書》卷五二〈文學·丘靈鞠傳〉：

> 靈鞠少好學，善屬文……泰始初，坐東賊黨錮數年……爲尚書三公
> 郎，建康令，轉通直郎，兼中書郎。昇明中，遷正員郎，領本郡中
> 正，兼中書郎如故。時方禪讓，太祖使靈鞠參掌詔策。建元元年，
> 轉中書郎，中正如故，敕知東宮手筆，尋又掌知國史。（頁 889～890）

由以上所引傳文可知，丘靈鞠以通直散騎侍郎兼中書侍郎，可能是在元徽年間，直到宋齊禪代之際仍以散騎侍郎兼中書侍郎。又蕭道成使他參掌禪讓前宋朝廷詔策，正與從前劉裕簒晉之前使王韶之掌晉朝廷的詔黃如出一轍，但這時蕭道成只是利用他的文名而已，並未賦予政治權力；因此，齊朝成立後，正式授與中書侍郎，却特別「敕知東宮手筆」，而不使他掌詔命機要。

　　到賁，彭城武原人，驃騎將軍到彥之的孫子；父仲度，驃騎從事中郎。其家世背景爲世族。《南齊書》卷三七〈到撝附弟賁傳〉：

> 弟賁，初爲衛尉主簿，奉車都尉。昇明初，爲中書，太祖驃騎諮議。
> （頁 649）

　　沈文和，沈攸之第三子，其家世背景原爲寒門武人，其父沈攸之因軍功而官極一品，藉其父的權勢而授中書侍郎，是沈攸之所謂的「子弟勝衣，爵命已及」。〔註36〕

─────────────

〔註36〕《宋書》卷七四〈沈攸之傳〉載〈沈攸之與武陵王贊牋〉云：

《宋書》卷七四〈沈攸之傳〉：

> 攸之攻郢城久不決，眾心離沮。昇明二年正月十九日夜……將曉……
> 率大眾過江，至魯山。諸軍因此散走……無所歸，乃與第三子中書
> 侍郎文和至華容界，為封人所斬送。（頁 1940）

則沈文和雖授中書侍郎，但却是待在沈攸之身邊而遙領之，可見這時中書侍郎只被用來優崇沈攸之的子弟以為羈縻，完全破壞了官僚體制的正常運作，不過，這只是劉宋時代唯一的特例。

顧憲之，字士思，吳郡吳人；吳郡顧氏亦為江南大姓，但在劉宋時門第較吳郡張氏、會稽孔氏稍遜；祖覬之，宋鎮軍將軍（死後追贈，原為左將軍，皆第三品）、湘州刺史；其父雖未出仕（覬之五子：約、緝、綽、繽、緄，不知何人是憲之父），但其家世背景仍為世族。《梁書》卷五二〈止足・顧憲之傳〉：

> 元徽中，為建康令……齊高帝執政，以為驃騎錄事參軍，遷太尉西
> 曹掾。齊臺建，為中書侍郎。齊高帝即位，除衡陽內史。（頁 757）

據《宋書》〈順帝本紀〉及《南齊書》〈高帝本紀〉，齊臺之建於昇明三年三月，則顧憲之為中書侍郎即在此時。又因顧憲之歷任蕭道成的僚佐，及由「齊臺建，為中書侍郎」的文意可知，顧憲之應是擔任齊國中書侍郎，或許另有他人亦任齊國中書侍郎，只是史書未加記載而已。

以上所考述自宋文帝死後至劉宋滅亡為止的二十七年間，除去義嘉政權所除授的七人及朝廷擬選而不為宋明帝所同意的兩人，共得中書侍郎四十二人（包括兼任及追贈、授而不拜者）；其中具有世族身分者僅二十一人，小姓十四人（包括寒門將家二人），宗室七人（包括帝族的旁支一人）。而且除宗室多二十餘歲甚至十餘歲即任中書侍郎外，世族大抵三十歲左右才得受任（何戢、江斆例外），小姓則需年過四十始有機會出任中書侍郎（將家身分及蕭齊宗室例外）；由於特例太多（約佔六分一），可見這時期中書侍郎雖仍為清顯的職位，但選授已遠不如宋初慎重，且雜用了為數眾多的小姓與宗室，世族襲斷中書侍郎之選授的情形已不復存在。除了依舊入值殿省的例行職務外，中書侍郎已成為遠離政治權力的榮銜，在專制時代，君主側近的侍臣，如果職閑廩重又司文翰，則每被視為「清官」。因此，劉宋末年有些門閥世族認為

> 下官位重分陝，富兼金穴；子弟勝衣，爵命已及；親黨辨菽，抽序便加……
> （頁 1939）

能仕宦至中書侍郎就滿足了，〔註 37〕尤其在政權變動之際，當權者常拿它做爲政治工具而加以運用，才使非世族有出任中書侍郎的機會。

〔註37〕褚淵的堂弟褚炤很不滿褚淵受宋明帝顧命，却又成爲齊朝的佐命功臣，認爲他只仕官至中書郎爲止，就不失爲一個名士，可見時人對中書侍郎的期許頗高。《南齊書》卷三二〈褚炫傳〉：

兄炤，字彥宣，少秉高節……常非從兄淵身事二代，聞淵拜司徒，歎曰：「使淵作中書郎而死，不當是一名士邪！名德不昌，遂令有期頤之壽。」（頁 582）

第六章　中書通事舍人

第一節　中書舍人之出身背景

　　《宋書》〈百官志〉云宋初又置通事舍人，卻未說明是否從永初元年就開始恢復？然而，至少在少帝景平年間就有中書舍人了，但直到元嘉三十年以前，史書中極少見到有關中書舍人的記載；而自宋孝武帝以後，中書舍人即開始活躍於政治舞台上，並成爲操縱政局的主要角色；在筆者所蒐輯的劉宋時代爲中書舍人者之個案中佔了四分之三（這時期在時間上還不到一半）。足見中書舍人之得權用事，並在歷史顯現出其份量，正是從孝武帝時期開始的。在此之前，其地位仍低，除了少數的特殊事蹟者，其餘多無關緊要，因此，其姓名乃未見載於史書上。

　　茲考述史書中所見曾任中書舍人者之出身背景如下：

　　邢安泰，家世不詳，在少帝景平年間爲中書舍人；《宋書》中無傳，僅於〈少帝本紀〉、〈徐羨之傳〉中附帶提及：徐羨之等廢宋少帝，使中書舍人邢安泰、潘盛爲內應，其後，又使中書舍人邢安泰弑帝於金昌亭。此外，《宋書》卷五二〈謝景仁傳〉：

> 坐選吏部令史邢安泰爲都令史、平原太守，二官共除，安泰以令史職拜謁陵廟，爲御史中丞鄭鮮之所糾，白衣領職。（頁 1494）

按：令史，第八品，職卑故不得與於拜謁陵廟之列，當時已被列入「濁官」之流，世族子弟從來不居此官，多以寒人任之，因此推斷邢安泰的家世絕非出自世族。

　　然而，卷六一〈武三王・廬陵孝獻王義眞傳〉載徐羨之等奏廢義眞，其表曾經提到：

> 聖恩低佪深垂隱忍，屢遣中使苦相敦釋。而（義眞）親對散騎侍郎
> 邢安泰、廣武將軍茅仲思，縱其悖罵，訕王謗朝……（頁 1637）

散騎侍郎與郡太守皆爲五品官，品位已經不算低了，寒庶出身者若無特殊功勳則很難受任，而邢安泰當這些官時，廢少帝的政變尚未發生；因此，邢安泰也很可能是出於「寒門小姓」。

　　潘盛，家世亦不詳，與邢安泰同爲中書舍人，一起參與徐羨之等廢宋少帝的政變。又景平二年七月中，少帝被廢後，百官備法駕奉迎宜都王義隆（即宋文帝）入奉皇統時，潘盛也以員外散騎侍郎內的官銜列名其中，而元嘉三年徐羨之等被誅之後，潘盛也隨之伏罪被殺，時潘盛爲建安太守，其官品也不很低，但此時已在廢立之後，故潘盛的家世背景可能是「寒門小姓」，甚至是「寒庶」出身者。

　　秋當，海陵郡人；出自寒庶，宋文帝元嘉初年與周赳同爲中書舍人；《宋書》中亦無傳，卷六二〈張敷傳〉：

> 遷正員郎。中書舍人秋當、周赳並管要務，以敷同省名家，欲詣之……
> 敷先設二牀，去壁三四尺，二客就席酬接甚歡，既而呼左右曰：「移
> 我遠客。」赳等失色而去。其自摽遇如此。（頁 1663）

又卷五七〈蔡廓附子興宗傳〉：

> 元嘉初，中書舍人秋當詣太子詹事王曇首，不敢坐。（頁 1584）

按：張敷爲正員郎（在此特指中書侍郎），是在元嘉六年至九年之間（有關張敷爲正員郎的考論請參照本文第五章第二節）；而王曇首爲太子詹事則在元嘉六年至七年間。〔註1〕

　　因爲秋當、周赳出身太低，雖任中書舍人而管司要務，卻仍不得與張敷、王曇首等門閥世族同坐。此外由卷五三〈張茂度附陸子眞傳〉：

> 元嘉十年，爲海陵太守。中書舍人秋當爲太祖所信委，家在海陵，
> 父死還葬。橋路毀壞，不通喪車，縣求發民修治，子眞不許。（頁
> 1510～1511）

則可知秋當的籍貫是南兗州的海陵郡，由郡太守陸子眞不許所轄縣份，發民

〔註1〕據《宋書》卷五〈文帝本紀〉所載，元嘉六年三月丁巳，立皇子劭爲皇太子。（頁77）而王曇首卒於元嘉七年（卷六三〈王曇首傳〉，頁1680）。

修治其父之喪車所經的道路橋樑一事看來，秋當之父必爲一毫無功名的平民無疑，因此，秋當的家世背景乃爲寒庶，他個人雖官居七品，但其父仍是一介平民，且他的家族在地方上也不見有特殊勢力。

故《南齊書》卷五六〈倖臣傳〉序云：

宋文世，秋當、周糾竝出寒門。（頁 972）

周赳，亦出自寒門，與秋當同時爲中書舍人，並受宋文帝親任。元嘉三年正月，當傅亮勢敗被捕解送廷尉剛到廣莫門時，宋文帝曾遣中書舍人以詔書示之，[註2] 但未說明是派遣那一個中書舍人？若參照《宋書》卷四四〈謝晦傳〉，元嘉三年謝晦起兵後傳告京邑的檄文中，曾提及周糾（《宋書》其他紀傳皆作周赳）及秋當：

……及周糾使下，又令見咨……華說數爲秋當所譖，常不自安……

（頁 1354）

則持文帝詔書以示傅亮的中書舍人，極可能是秋當或周赳。又由謝晦的檄文中也可得知邢安泰當時是在謝晦麾下任參軍兼建平太守。前述四人都是在劉宋初年擔任中書舍人，雖曾參與過重要政治事件或深受君主親任，但因出身寒微，且中書舍人尙未成爲朝廷的重要官職，此時中書舍人的性質近於皇帝的侍衛官兼私人僕役，因此，各史書僅於他人之傳中輕描淡寫地附上一筆，而不特別爲他們立傳。

徐爰，字長玉，南琅邪開陽人，本名瑗，後以與傅亮父同名，改爲爰，其家世背景爲「寒庶」或「寒門小姓」。卷九四〈恩倖‧徐爰傳〉：

初爲晉琅邪王大司馬府中典軍，從北征。微密有意理，爲高祖所知。

少帝在東宮，入侍左右。太祖初，又見親任，歷治吏勞，遂至殿中侍御史。元嘉十二年，轉南臺侍御史。（頁 2306）

其起家官爲大司馬府的中典軍（下級武官），因「便辟善事人，能得人主微旨，頗涉書傳，尤悉朝儀」（同卷，頁 2310），而在元嘉初年，入侍左右參預顧問，爲宋文帝所親任，《宋書》本傳但云「歷治吏勞」，其他紀傳亦無徐爰爲中書舍人的記載。不過，根據《南史》卷二三〈王惠附從弟球傳〉：

歷位侍中、中書令、吏部尚書。時中書舍人徐爰有寵於上，上嘗命球及殷景仁與之相知。球辭曰：「士庶區別，國之章也。臣不敢奉詔。」上改容謝焉。（頁 630）

〔註 2〕《宋書》卷四三〈傅亮傳〉，頁 1338。

則徐爰在元嘉初年除了以「殿中侍御史」「南臺侍御史」「員外散騎侍郎」等職銜，「入侍左右，預參顧問」受宋文帝任遇外，所謂「歷治吏勞」最主要還是在中書舍人這一職務上。故《宋書》卷五七〈蔡廓附子興宗傳〉：

> 其後中書舍人王弘爲太祖所愛遇，上謂曰：「卿欲作士人，得就王球坐，乃當判耳。殷、劉並雜，無所知也。若往詣球，可稱旨就席。」球舉扇曰：「若不得爾。」弘還，依事啓聞，帝曰：「我便無如此何。」（頁 1584）

同卷校勘記第三十條引李慈銘《宋書札記》云：

> 《南史》〈王球傳〉作徐爰，差爲得之。（頁 1588）

王弘出自門第最崇的琅邪王氏，爲元嘉初官位最的門閥，這裏的王弘乃是徐爰之誤。由徐爰奉旨往訪王球仍不得與其同席而坐，及〈徐爰傳〉未提及父、祖之生平事跡看來，徐爰的家世背景絕不可能是世族；但他起家即出任大司馬府的中典軍，且素諳朝章，大明年間又領著作郎而完成修撰國史的重任。若是出自「寒庶」者恐怕很難有這樣的學養，因此筆者懷疑他也可能出自「寒門小姓」的家族，至少是對法制、史學頗有研究的世家，但其他旁證極爲薄弱，故暫以「寒門」視之。徐爰卒於元徽三年，享年八十二歲，則元嘉初爲中書舍人時的年紀約四十歲左右。

嚴龍，家世不詳，元嘉中至泰始二年之間爲中書舍人。卷八○〈孝武十四王‧松滋侯子房傳附嚴龍〉：

> 太祖元嘉中，已爲中書舍人、南臺御史，世祖又以爲舍人，甚見委信。景和、泰始之際，至越騎校尉，右軍將軍。（頁 2062）

而同卷同傳中又有宋明帝誣陷子房造反的詔書中，有路休之兄弟「令舍人嚴龍覘覦宮省」（頁 2061）的記載，可見直到泰始二年，嚴龍仍然擔任中書舍人。由嚴龍歷任中書舍人、南臺御史，及越騎校尉、右軍將軍等武職，宋明帝又稱他受路休之兄弟指使窺伺宮省，很明顯地可看出其家世背景絕非世族，可能是「寒門小姓」或「寒庶」出身者。

顧嘏，家世亦不詳，元嘉末爲中書舍人。無傳，僅於卷九九〈二凶傳〉中提到而已，其他地方皆不見記載：

> 劭進至合殿中閤，太祖已崩，出坐東堂，蕭斌執刀侍直。呼中書舍人顧嘏，嘏震懼不時出。（頁 2427）

若與前述六個案相參照，則顧嘏的家世背景也可能是「寒門小姓」或「寒庶」。

戴法興，會稽山陰人；家貧，父碩子，販紵爲業，故其家世背景爲「寒庶」。〔註3〕卷九四〈恩倖・戴法興傳〉：

> 法興少賣葛於山陰市，後爲吏傳署，入爲尚書倉部令史。大將軍彭城王義康於尚書中覓了了令史，得法興等五人，以法興爲記室令史。義康敗，仍爲世祖征虜、撫軍記室掾。上爲江州，仍補南中郎典籤。上於巴口建義，法興與典籤戴明寶、蔡閑俱轉參軍督護。上即位，並爲南臺侍御史，同兼中書通事舍人。（頁2303）

戴法興既家貧，父販紵爲業而無功名，他本人少年時也曾經賣葛於山陰市，只因好學而得歷任小吏，由於才幹傑出而受到提拔，又正逢孝武帝起義討逆，遂以典籤而參預密謀，因此孝武帝即位乃因心腹舊僚而爲南臺侍御史兼中書通事舍人；由以上的經歷更足以證明戴法興乃出身於「寒庶」的家庭背景。戴法興於永光元年爲前廢帝所誅，時年五十二歲，則其初任中書通事舍人時年四十歲。

戴明寶，南東海丹徒人；其家世背景也可能是「寒庶」出身者。與戴法興同以孝武帝之南中郎典籤的身分參預討逆密謀，而同時爲南臺侍御史兼中書通事舍人，法興、明寶皆多納貨賄，而明寶驕縱尤甚。

蔡閑，家世不詳；亦與戴法興、戴明寶同爲南中郎典籤，孝武帝即位時，三典籤並爲南臺侍御史，同兼中書通事舍人。到大明二年，三典籤並以南下預密謀而封爵位時，蔡閑已經死了。由這些類似的經歷看來，蔡閑的家世背景可能與二戴同樣出自「寒庶」。

鮑照，字明遠，東海郡人，家世不詳。卷五一〈宗室・臨川烈武王道規附嗣子義慶傳〉：

> 爲性簡素，寡嗜欲，愛好文義……招聚文學之士，近遠必至。大尉袁淑，文冠當時，義慶在江州，請爲衛軍諮議參軍；其餘吳郡陸展、東海何長瑜、鮑照等，並爲辭章之美，引爲佐史國臣。太祖與義慶書，常加意斟酌。鮑照字明遠，文辭贍逸，嘗爲古樂府，文甚遒麗……世祖以照爲中書舍人……臨海王子頊爲荊州，照爲前軍參軍，掌書記之任。子頊敗，爲亂兵所殺。（頁1477～1480）

鮑照是劉宋時代第一流的文學名家，且與他同被延聘爲臨川王義慶臣的袁淑、陸展、何長瑜皆爲世族，則鮑照的家世背景極可能也是「世族」（至少是「小姓」以上）。

〔註3〕《宋書》卷九四〈恩倖・戴法興傳〉，頁2302。

巢尚之，魯郡人，爲寒門小姓出身的士人。卷九四〈恩倖・戴法與附巢尚之傳〉：

> 魯郡巢尚之，人士之末，元嘉中，侍始與王濬讀書，亦涉獵文史，
> 爲上所知，孝建初，補東海國侍郎，仍兼中書通事舍人。（頁2303）

蕭道成（即齊高帝），南蘭陵人；雖號稱漢相國蕭何二十四世孫，實際上是出自寒門將家；蘭陵蕭氏宗族頗繁盛，南齊皇室原爲劉宋外戚蕭氏的旁支，其門第較低，故皆以軍功而入仕，其家世背景可以算是「寒門小姓」。〔註4〕《南齊書》卷一〈高帝本紀〉上：

> 太祖（蕭道成）以元嘉四年卯歲生……儒士雷次宗立學於雞籠山，
> 太祖年十三，受業，治《禮》及《左氏春秋》。十七年，宋大將軍彭
> 城王義康被黜，鎮豫章，皇考領兵防守，太祖舍業南行。十九年，
> 竟陵蠻動，文帝遣太祖領偏軍討沔北蠻……孝建初，除江夏王大司
> 馬參軍，隨府轉太宰，遷員外郎，直閣中書舍人、西（陵）〔陽〕王
> 撫軍參軍〔註5〕、建康令。（頁3～4）

蕭道成年十三始受業於雷次宗（時爲元嘉十六年），元嘉十七年即舍業南行，則他在雷次宗門下受業僅有一年的時間而已，十九年領偏軍討沔北蠻，當時也才十六歲而已，若非出自世代爲將的家族者必無法勝任；而且此後蕭道成一直投身於軍旅之中，直到大明初爲直閣中書舍人，〔註6〕時年紀才三十出頭。在此特別提到「直閣」二字，似乎另有含意，蕭道成雖爲中書舍人，但史書中未見其於宋孝武帝之世曾有得權之記載，反以將帥而見任，因此筆者認爲蕭道成所擔任的「直閣中書舍人」，可能與戴法興等人的「中書通事舍人」不同，並不參與機密政務，自然不會像戴法興那樣「權重當時」了。

孔嗣之，字敬伯，魯國人；家世不詳。《南齊書》卷五四〈高逸・吳苞傳附孔嗣之〉：

> 魯國孔嗣之，字敬伯。宋世與太祖俱爲中書舍人，竝非所好，自廬

〔註4〕參照本文第五章第三節有關蕭嶷、蕭長懋等人的論述。
〔註5〕《南齊書》卷一〈高帝本紀〉上。校勘記第九條：
張森楷校勘記云：「終宋世無西陵王，『凌』當作『陽』，各本並譌。」按《宋書》〈豫章王子尚傳〉，孝建三年，年六歲，封西陽王。大明二年，加撫軍將軍。作「西陽王」是，今據改。（頁25～26）
〔註6〕江夏王義恭進位太宰，是在孝建三年十月丙午。《宋書》卷六〈孝武帝本紀〉，頁119。

陵郡去官,隱居鍾山,朝廷以爲太中大夫。建武三年,卒。(頁 945)
魯國孔氏爲至聖先師孔子的後裔,其族望雖不如遷居南方的山陰孔氏,但絕
不至於「寒庶」;孔嗣之去官隱居後,朝廷又以爲太中大夫,且《宋書》卷九
三〈隱逸傳〉也有與其同族的孔淳之(其家世背景爲世族),因此,孔嗣之的
家世背景可能是「世族」。

王諶,字仲和,東海郯人;其家世背景爲門第不高的「世族」。《南齊書》
卷三四〈王諶傳〉:

> 宋大明中,沈曇慶爲徐州,辟諶爲迎主簿,又爲州迎從事,湘東王
> 國常侍,鎮北行參軍,州、國、府主皆宋明帝也。除義陽王征北行
> 參軍,又除明帝衛軍府。諶有學義,累爲帝藩佐。及即位,除司徒
> 參軍,帶薛令,兼中書舍人,見親遇,常在左右。(頁 616)

王諶是因他本身頗有學養,又是屢隨宋明帝在官場上浮沈的藩僚舊佐,所以
當宋明帝獲得皇帝的寶座之後,自然會想要引用像王諶這樣門第不高又有才
幹的老部屬,兼任像中書舍人這麼重要的職務。而極力加以委任,並常置左
右以備差遣。既常在皇帝左右,則司徒參軍、薛令兩項本職反成虛銜,名義
上爲兼差的中書舍人這職位,卻成了他最主要的職務了;帶司徒參軍、薛令,
或許更方便他出入內外好爲皇帝辦事。

宋明帝泰始二年正月,晉安王子勛爲其鎮軍長史、行江州事鄧琬等擁立
於尋陽,年號義嘉,這個「義嘉政權」所建置的文武百官中,有中書通事舍
人褚靈嗣、潘欣之、沈光祖等三人,另有奉朝請領中舍人謝道遇被派至赭圻
前綫督戰,「中舍人」可能就是「中書舍人」。〔註7〕這四個人原爲晉安王子勛
的下層僚吏,其家世背景可能多是「寒庶」,《宋書》卷八四〈鄧琬傳〉:

> 前廢帝狂悖無道……深構嫌隙,因何邁之謀,乃遣使齎藥賜子勛死。
> 使至,子勛典籤謝道遇、齋帥潘欣之、侍書褚靈嗣等馳以告琬,泣
> 涕請計。(頁 2130)〔註8〕

〔註7〕　參照《宋書》卷八四〈鄧琬傳〉,頁 2135～2139。
〔註8〕　從這段引文可以知道,這時候的典籤等下級僚屬與府主的關係比長史等幕僚
　　　　長官更親近,他們與府主的利害息息相關,因此會如此忠心耿耿地爲府主盡
　　　　力,也難怪以前宋孝武帝一即位,便以藩府中的典籤擔任中書通事舍人而專
　　　　管內務。除了他們出身較低易於駕馭役使外,這些人所表現的忠誠,也的確
　　　　是能使得君主對他們有所委寄。此外,這些下級僚屬雖親近,但在這時候卻
　　　　尚未得權,州府的實權仍由長史、司馬等幕僚長以「行事」的名義所掌握,
　　　　所以謝道遇等須馳告長史鄧琬,哀請他出面援助才能拯救府主晉安王子勛的

除了沈光祖不知原所任官職外，潘欣之原是「齋帥」，褚靈嗣是「侍書」，謝道遇是「典籤」，這三個職位都是藩府小吏，品位極低，世族皆不願擔任（世族子弟起家即可出任「參軍」），而專用寒庶出身者；沈光祖亦同時受任中書通事舍人，其原來的身份想必也相近，筆者因此推斷這四人同出自「寒庶」。

李道兒，臨淮郡人，家世不詳，為宋明帝的藩國舊僚；明帝心腹阮佃夫聯合王道隆、李道兒、淳于文祖等發動政變進行廢立，李道兒因擁立有功而於泰始二年兼中書通事舍人。卷九四〈恩倖・阮佃夫附李道兒傳〉：

> 本為湘東王師，稍至湘東國學官令。太宗即位，稍進至員外散騎侍郎，淮陵太守。泰始二年，兼中書通事舍人，轉給事中。四年，病卒。（頁 2316）

根據卷四〇〈百官志〉下，王國公三卿、師、友、文學皆第六品（頁 1263），太守第五品（頁 1262），品秩並不算低，且王師皆選有學術文義者任之，恐非「寒庶」出身者所能勝任。因此，筆者推測李道兒可能出自「寒門小姓」的家世背景。

王道隆，吳興烏程人；「寒庶」出身，由主書書吏、主書，出為宋明帝的典籤，也是政變的主謀者之一，於泰始二年兼任中書通事舍人。卷九四〈恩倖・王道隆傳〉：

> 太宗鎮彭城，以補典籤，署內監。及即位，為南臺侍御史，稍至員外散騎侍郎，南蘭陵太守。泰始二年，兼中書通事舍人……五年，出侍東宮，復兼中書通事舍人。（頁 2317）

劉休，字弘明，沛郡相人；祖徽，正員郎；父超，九真太守；其家世背景為世族。但門第並不很高。〔註9〕《南齊書》卷三四〈劉休傳〉：

> 休初為駙馬都尉，奉朝請，宋明帝湘東國常侍。好學諳憶，不為帝所知。襲祖封南鄉侯……太始初，諸州反，休筮明帝當勝，靜處不預異謀。數年，還投吳喜為輔師府錄事參軍，喜稱其才，進之明帝，得在左右。板桂陽王征北參軍。帝頗有好尚，尤嗜飲食，休多藝能，爰及

生命。

〔註9〕正員郎（散騎侍郎），晉時雖清顯，但至宋已漸冗散，多以之授武勳者；而太守雖官亦五品，但九真地處蠻荒邊境，離京都的水路行程就有一萬一百八十里之遠，任太守者若非邊將即亦似流徒，高門閥閱除了遭到貶黜多不居此任。因此，劉休的祖、父雖皆官居五品，算得上是世族，但門第卻很低，由於其祖劉徽封爵南鄉侯，因此，劉休的家世背景似手也是武勳世家出身。

鼎味，問無不解……尋除員外郎，領輔國司馬、中書通事舍人，帶南
城令。除尚書中兵郎，給事中，舍人、令如故。除安成王撫軍參軍。
出爲都水使者，南康相。休善言治體，而在郡無異績。（頁612）

宋明帝泰始四年將輔國將軍改爲輔師將軍，至後廢帝元徽二年再改回輔國將
軍；〔註10〕而桂陽王休範爲征北大將軍，是在泰始二年七月至五年十二月之
間；〔註11〕安成王準（即宋順帝）於泰始七年封王，並拜撫軍將軍，至元徽
二年進號車騎將軍；〔註12〕則劉休爲中書通事舍人似乎是在元徽二年。但另
據《宋書》卷九四〈恩倖・阮佃夫傳〉：

（阮佃夫）大通貨賄……宅舍園池，諸王邸第莫及……中書舍人劉
休嘗詣之，值佃夫出行，中路相逢，要休同反，就席，便命施設，
一時珍羞莫不畢備。（頁2314）

由前後傳文看來，這段事蹟是在泰始四年至泰豫元年之間，則劉休在泰始末
年已爲中書舍人了。卷七二〈文九王・晉平刺王休祐傳〉：

太宗尋病，見休祐爲祟，乃遣前中書舍人劉休至晉平撫慰宣翊等，
上遂崩。（頁1881）

宋明帝於泰始七年二月，害死其弟晉平王休祐，其年五月追免休祐爲庶人，
又將休祐子宣翊等十三人廢徒晉平郡。泰豫元年，明帝得疾，故遣劉休撫慰
宣翊等，既云「前中書舍人」，則劉休至泰豫元年之時已解中書舍人之職無疑。

綜合前引《宋書》二傳，得知劉休爲中書舍人是在泰始末年，則《南齊
書》〈劉休傳〉所云：「尋除員外郎，領輔國司馬、中書通事舍人，帶南城令」
中的「輔國」應是「輔師」之誤。中書通事舍人與中書舍人其實是同一個官
職，史書中常省去「通事」兩字，而單稱「中書舍人」。

楊運長，宣城懷安人；郡吏出身，因善射而以「射師」事宋明帝，其家
世背景爲「寒庶」。卷九四〈恩倖・楊運長傳〉：

楊運長，宣城懷安人。初爲宣城郡吏，太守范曄解吏名。素善射，
太宗初爲皇子，出運長爲射師。性謹愨，爲太宗所委信。及即位，
親遇甚厚，與佃夫、道隆、李道兒等並執權要，稍至員外散騎侍郎，
南平昌太守。泰始七年，出侍東宮。後廢帝即位，與佃夫俱兼通事

〔註10〕同本文第五章第三節註11。
〔註11〕《宋書》卷八〈明帝本紀〉，頁157～166。
〔註12〕《宋書》卷十〈順帝本紀〉，頁193。

> 舍人，加龍驤將軍，轉給事中……元徽三年，自安成王車騎中兵參
> 軍，遷後軍將軍，兼舍人如故。（頁 2317～2318）

楊運長雖未參與景和政變，但很早即與宋明帝建立關係，以「謹愨」爲明帝
所委信，也是明帝的藩府舊僚，因此，宋明帝即位後乃極受親遇，而與阮佃
夫等並執權要，卻一直到宋後廢帝即位以後才兼任中書通事舍人。在這時候
他又加三品將軍銜（據《宋書》〈百官志〉龍驤將軍爲三品將軍銜中班位最低
者），宋末的將軍銜除授極濫，寒人而授三品將軍銜者很多。而楊運長以三品
的龍驤將軍，兼領七品的中書通事舍人，亦可見中書通事舍人品位雖低，卻
是一個極其重要的職位。

　　阮佃夫，會稽諸暨人；元嘉中，出身爲臺小吏，先爲宋明帝王衣，後又
請爲明帝世子師。極受明帝信待，其家世背景爲「寒庶」。卷九四〈恩倖‧阮
佃夫傳〉：

> 景和末，太宗被拘於殿內，住在秘書省，爲帝所疑，大禍將至，惶
> 懼計無所出。佃夫與王道隆、李道兒及帝左右琅邪淳于文祖謀共廢
> 立……太宗晏駕，後廢帝即位，佃夫權任轉重，兼中書通事舍人，
> 加給事中、輔國將軍；餘如故。（頁 2312～2315）

阮佃夫與楊運長同樣於宋明帝在位時執掌權柄，至後廢帝即位後，才以三品將
軍銜（輔國將軍），兼領七品的中書通事舍人，而繼續掌握權力，而阮佃夫於元
徽五年爲後廢帝所誅，時年五十一歲，則其初兼中書通事舍人時年四十六歲。

　　劉係宗，丹陽郡人；因善書畫而爲竟陵王誕子景粹的侍書，宋孝武帝屠
廣陵城，特敕沈慶之赦之，以爲東宮侍書，至泰始中才得爲主書，而以寒官
累遷至勳品，故其家世背景爲「寒庶」，至元徽初爲奉朝請兼中書通事舍人。
《南齊書》卷五六〈倖臣‧劉係宗傳〉：

> 劉係宗，丹陽人也。少便書畫……泰始中，爲主書。以寒官累遷至勳
> 品。元徽初，爲奉朝請，兼中書通事舍人、員外郎……帶秣陵令。（頁
> 975）

「寒官」、「勳品」皆特爲限制出身於「寒庶」者之仕宦而設，以嚴士庶之分，
劉係宗即以寒官累遷至勳品，則他的身分已極爲明顯了。當蕭道成發動政變
廢弒宋帝的翌晨，劉係宗爲其撰寫諸處分敕令及四方書疏等緊急機密文書，
則當時劉係宗必然仍兼領中書通事舍人之職。又劉係宗死於齊明帝建武二
年，年七十七歲，則其初兼中書通事舍人時年五十餘。

　　孫千齡，家世，生平皆不詳；只有《南齊書》卷一〈高帝本紀〉上，及《南史》卷四〈齊本紀〉上，都曾提到元徽二年五月，桂陽王休範起兵逼京師，蕭道成於中書省集合朝廷的文武權貴計議，中書舍人孫千齡獨表異議，蕭道成不從。〔註13〕又據《宋書》卷七九〈文五王‧桂陽王休範傳〉的記載，休範雖爲張敬兒襲殺，但休範的同黨丁文豪卻大破官軍，攻入朱雀門，進至杜姥宅，「中書舍人孫千齡開承明門出降，宮省恇擾，無復固志。」（頁2051）史書中有關孫千齡的記載，就只知這些而已，因此其家世背景乃不可詳考，但可以推想可能是與阮佃夫、王道隆、楊運長等人相類似吧！

　　陳照宗，丹陽建康人；宋明帝陳貴妃（後廢帝生母）伯父，陳貴妃原爲屠家女，家貧。孝武帝時以貌美選入後宮，不得寵而賜予明帝；因此，陳照宗的家世背景爲「寒庶」殆無疑義。〔註14〕

　　虞整，家世不詳，元徽、昇明間爲中書舍人。史書中無傳，僅於《南齊書》卷五六〈倖臣‧劉係宗傳〉及《南史》卷二二〈王曇首附孫儉傳〉，這兩篇傳記中略爲提及而已。〈劉係宗傳〉云：

　　　　太祖廢蒼梧，明（日）〔旦〕，〔註15〕呼正直舍人虞整，醉不能起，係宗歡喜奉命。（頁975）

又〈王儉附傳〉記載王儉勸蕭道成早日受禪登基：

　　　　虞整時爲中書舍人，甚閑辭翰，儉乃自報整，使作詔。及高帝爲太尉，引儉爲右長史，尋轉左，專見任用。（頁591～592）

由僅有的這兩段記載仍無法看出虞整的家世背景，只知虞整對於辭翰文章甚爲嫻熟，才得爲中書舍人而負有製作詔書的職責。

　　此外另有紀僧眞，丹陽建康人，「寒庶」出身，於宋順帝昇明二年三月，齊國成立後而宋朝滅亡的前夕，爲齊國中書舍人。《南齊書》卷五六〈倖臣‧紀僧眞傳〉：

　　　　僧眞少隨逐征西將軍蕭思話及子惠開，皆被賞遇……及罷益州還都，不得志，僧眞事之愈謹。惠開臨終……乃以僧眞託劉秉、周顒……僧眞憶其言，乃請事太祖。隨從在淮陰，以閑書題，令答遠近書疏。

<hr>

〔註13〕《南齊書》卷一〈高帝本紀〉上，頁 7～9；《南史》卷四〈齊本紀〉上，頁 99～100。

〔註14〕《宋書》卷四一〈后妃‧明帝陳貴妃傳〉，頁 1296～1297。

〔註15〕參照《南齊書》卷五六〈倖臣傳〉，校勘記第十二條，頁 981。

> 自寒官歷至太祖冠軍府參軍、主簿……及上將拜齊公……轉齊國中
> 書舍人。建元初，帶東燕令………復以本官兼中書舍人。太祖疾甚，
> 令僧眞典遺詔。（頁 972～974）

紀僧眞原爲蕭思話、蕭惠開父子的部曲，惠開死後乃自請事奉蕭道成（時鎭守淮陰，爲北府軍團之統帥），由「寒官」升遷到參軍、主簿等職，可見其家世背景爲「寒庶」。紀僧眞是蕭道成側近最受委任的親信，齊國成立之前即負責蕭道成的所有書疏，齊國成立後乃領齊國的中書舍人，蕭道成即位之後又兼中書舍人，甚至蕭道成臨終時也以他典掌遺詔，更可看出他與蕭道成之間關係之密切。

除了以上所考述的人物外，泰始年間另有出自門閥世族的王績爲中書舍人的記載。《南齊書》卷四九〈王奐附從弟績傳〉：

> 績字叔素，宋車騎將軍景文子也。弱冠，爲秘書郎，太子舍人，轉
> 中書舍人；景文以此授超階，令績經年乃受……遷秘書丞，司徒右
> 長史。（頁 852）

王績出身於當時爲最高門第的琅邪王氏，其家世背景爲門閥世族自然毫無疑義。而其起家即擔任六品清官的秘書郎，若轉任七品濁官的中書舍人，不應該算是「超階」之授，筆者認爲「中書舍人」似乎是「中書侍郎」之誤。因爲王績的堂兄王奐也在泰始年間擔任過中書侍郎，〔註16〕王績與王奐既出自同一家族，而王績的父親王景文居相職又兼領揚州刺史，已是位居三品大官，而王奐的父親王粹一生仕宦僅止於五品的黃門郎，兩者的位望相差甚遠，王奐既可擔任中書郎，王績自然更有條件出任這職位了。可能是由於王績從七品的太子舍人（亦屬於「清官」之列）直接轉爲第五品的中書侍郎，且年紀尚輕，因此王景文才會認爲「此授超階」，而要王績「經年乃受」，若轉任濁官之列的中書舍人（雖與太子舍人同爲第七品官，但位望相差懸殊，世族皆不屑爲之），則是一種極大侮辱的貶黜了。況且縱觀以上所考述的人物，皆不見有王、謝等高門閥閱的子弟爲中書舍人的例子，王績既有顯赫的家世背景，必然絕對沒有被授與「中書舍人」的可能性，所以，不應把王績算入劉宋時期中書舍人的名單內。

本節所考證的劉宋一朝曾任中書舍人而姓名可考者，共有二十九人（包括「義嘉政權」的四人，及齊國中書舍人一人）。除劉休、王諶兩人可以確定

〔註16〕參照本文第五章第三節殷關王奐爲中書侍郎之論述。

爲「世族」身分，鮑照、孔嗣之兩人確定「非寒庶」而有爲「世族」之可能外，其餘的二十五人大抵都可以確定爲出自「非世族」的家世背景；虞整、孫千齡的家世背景雖不可考，但亦無顯示其爲「世族」身分的任何證據，極少有出自「世族」的可能性。而劉休、鮑照、孔嗣之、王諶等四人即使是出身於「世族」，但其門第均不高，尚未達到所謂「高門閥閱」的程度，因此，終劉宋王朝六十年間皆未見有最高門第的貴族出任中書舍人者。又除了蕭道成、巢尙之兩人的家世背景，可以明確地確定爲「寒門小姓」，及邢安泰、潘盛、徐爰、李道兒等四人有出自「寒門小姓」（也可能是「寒庶」）的可能外，其餘的十五人幾乎可以確定全都出身於「寒庶」的家世背景。綜觀以上所論，我們可以得到一概括性的認知，即：劉宋中書舍人的人選大致以出身於「寒庶」的家世背景者爲主；宋孝武帝以後雖說是「雜選士庶」，但並不普遍，中書舍人的出身背景依然以「寒庶」爲主流。〔註17〕

第二節　中書舍人之權力性質

東晉偏安江左，門閥制度仍隨之在南方生根發展，當時以琅邪王氏、陳郡謝氏等世家大族爲首的門閥世族，在政治、經濟、文化各方面上都是領導階層。司馬氏的皇權變得非常微弱，政局的安定有賴於掌握各政軍勢力的幾個門閥世族之支持，若其間的均衡受到破壞，或執政者不能善於調停，變亂立刻接踵而來。但到了劉裕當國時期與劉宋王朝成立之後，這種情勢開始有了重大的轉變。劉裕是出身北府的寒門武人，桓玄奪取政權簒晉爲楚之後，即大力彈壓北府兵，控制北府軍權的劉牢之等「北府舊將」先後被誅殺，而劉裕等北府軍團的中堅將校們乃於京口、廣陵兩地同時起義，消滅了桓氏的

〔註17〕《南齊書》卷五六〈倖臣傳〉序：
（晉）元帝用琅邪劉超，以謹愼居職。宋文世，秋當、周糾竝出寒門。孝武以來，士庶雜選，如東海鮑照以才學知名。又用魯郡巢尙之，江夏王義恭以爲非選。帝遣尙書二十餘牒，宣敕論辯，義恭乃歎曰：「人主誠知人。」及明帝世，胡母顥、阮佃夫之徒，專爲佞倖矣。（頁972）
依這段記載的文意看來，似乎巢尙之的家世背景與鮑照相同，有出自「小姓」或「世族」的可能，但如前所考述得知，如果巢尙之爲「寒庶」出身的士人，則江夏王義恭與孝武帝之爭辯是爲何意義？尚有待深入研究。
又宋明帝時另有胡母顥似乎也爲中書舍人，然而《宋書》、《南史》等史書皆未加記載，因此，筆者將《南齊書》〈倖臣傳〉此說暫予保留，不算入劉宋時期中書舍人的名單內。

勢力，恢復了東晉王朝，但政權從此却完全落入了劉裕的手中。由於劉裕及其同謀者全都是些與北府有關的寒門武人，當初他們純粹是以本身的力量，成功地對桓玄施行果敢的政變，並沒有摻入門閥世族的意志，因此，寒門武人開始擁有了自主的軍事力量，而不再受門閥世族的統御，並有日益擴大的傾向，於是，門閥世族對軍事的支配權便開始被剝奪掉了，劉宋王朝建立之後，軍府的長官更徹底地被移到皇族與寒門武人方面。〔註18〕劉裕既以實力得天下，乃得以提高君權集權中央，排除門閥世族專政的局面，開拓了一條軍事獨裁的新道路。

從表面上看來，劉宋時代是門閥制度化的時期，士庶的分別在這時候被固定化了，這是連皇帝的權力也不能使之改變的事情，他們的貴族身分充份地受到制度的保障；〔註19〕但劉宋以後，軍權已不再入世族之手，而世族子弟對軍事方面的興趣與能力也大為降低，〔註20〕漸漸脫離軍旅而專尚文事，這表示門閥世族本身喪失了生氣與活力而有「文弱化」的現象。〔註21〕劉宋

〔註18〕劉宋時代各軍府的長官多委任皇族及寒門武人；參照萬斯同：〈宋方鎮年表〉。
〔註19〕當時的人認為「士庶之際，實自天隔」、「士庶區別，國之章也」，意即身分階級必須分隔區別乃是天經地義的事，一切政治社會秩序的維持都應以此為軌道。又在官僚體系上也出現了「清官」與「濁官」兩個系統，清官「職閑廩重」，是專為門閥世族保留的職位，尊貴而清閑，待遇又優厚，正適合門閥世族只要做官不肯任事的需要；反之，出身微賤的寒庶在仕宦上備受壓抑。
〔註20〕《宋書》卷八四〈袁顗傳〉記載袁顗與鄧琬等擁立晉安王子勛於尋陽，鄧琬所遣的大將劉胡與朝廷的大軍相持於鵲尾，久不決，袁顗乃率樓船千艘、戰士二萬前往增援，並受命為前線總指揮官，但袁顗對軍旅戰陣之事却表現得極為顢頇無能：
顗本無將略性又怯撓，在軍中未嘗戎服，語不及戰陳，唯賦詩談義而已。不能撫接諸將，劉胡每論事，酬對甚簡，由此大失人情，胡常切齒恚恨。胡以南運未至，軍士匱乏，就顗換襄陽之資，顗答曰：「都下兩宅未成，亦應經理，不可損徹。」又信往來之言：京師米貴斗至數百，以為不勞攻伐行自離散，於是擁甲以待之。（頁2152）
〔註21〕《宋書》卷七七〈沈慶之傳〉：
（元嘉二十七年）太祖將北伐，慶之諫曰：……又固陳不可。丹陽尹徐湛之、吏部尚書江湛並在坐，上使湛之等難慶之，慶之曰：「治國譬如治家，耕當問奴，織當訪婢。陛下今欲伐國，而與白面書生輩謀之，事何由濟。」上大笑。（頁1998～1999）
川勝義雄：〈劉宋政權の成立と寒門武人〉引用這段史文，作了如下的分析：像被認為是「手不知書，眼不識字」的沈慶之那般的寒門出身的武將，在皇帝面前對於吏部尚書等，為國家之軍事非白面書生所能瞭解的豪語時，被認為是對於廟堂的白面文官清楚地顯示著武人的獨立與矜持。那恐怕是即使身份低，

政權制定了尊重世族的制度，保障門閥世族的尊榮，只不過這些措施正顯示門閥世族的權益需要集權政府的保護，世族的地位實際上已明昇暗降了，位遇雖隆却漸與權力核心疏遠了。

宋文帝元嘉年間是門閥世族在政治上最後的光榮時期，宋文帝究竟是站在世族這一邊的，因此，從世族文人的眼中看來，元嘉之治更受到稱讚；然而，就算在這時候軍權仍不再回到門閥世族的手中，宋孝武帝以後的君主爲了更提高君權，乃以寒人爲其心腹耳目而獨攬朝政；這些寒人官位不高，却手握機要權柄，如中書通事舍人以七品小官而居於天子側近，與皇帝的關係最密切，權寄極重。正由於劉宋政權對世族的優禮，因此高門閥閱可以「平流進取，坐致公卿」，﹝註22﹞不需對國家有何貢獻，也不必在政治事蹟上有所表現，只要出身爲「膏粱年少」將來「何患不達」，﹝註23﹞這些人空有清貴盛名，對於國家大事多不願負責，徒以風流相尙、而視恪勤庶務爲鄙俗，君主只好引用有才幹有學識的寒人來爲他辦事。《陳書》卷六〈後主本紀〉論：

> 自魏正始、晉中朝以來，貴臣雖有識治者，皆以文學相處，罕關庶務，朝章大典方參議焉，文案簿領咸委小吏，浸以成俗，迄至于陳。
> （頁120）

《梁書》卷三七〈何敬容傳〉：

> 敬容久處臺閣，詳悉舊事，且聰明識治，勤於簿領，詰朝理事日旰不休。自晉、宋以來，宰相皆以文義自逸，敬容獨勤庶務，爲世所嗤鄙。（頁532）

又同書同卷引姚察論曰：

> 魏正始及晉之中朝，時俗尚於玄虛，貴爲放誕，尚書丞郎以上，簿領文案不復經懷，皆成於令史，逮乎江左，此道彌扇……宋世王敬弘身居端右未嘗省牒，風流相尚其流遂遠。望白署空是稱清貴，恪勤匪懈終滯鄙俗。是使朝經廢於上，職事墮於下。小人道長，抑此之由。（頁534）

在軍事方面他們寒門武人的角色仍大爲提高的結果吧！使劉宋時代武將之比重增加的是，北支那被北魏所統一，其軍事力量對南方確實是很大的威脅。然而，事實上，與這同時，有所謂軍事從貴族的手中離開，而被委於王族＝寒門武人方面的情形，因而像這樣的發言被認爲是有可能的。（頁227～228）

﹝註22﹞語見於《南齊書》卷二三〈褚淵、王儉傳〉論，頁438。
﹝註23﹞語見於《南齊書》卷三三〈王僧虔傳〉，頁598。

　　第三章第二節所引《通典》卷二一〈職官〉三，提到劉宋時代中書通事舍人的職掌爲：「入直閣內，出宣詔命」及「凡有陳奏皆舍人持入，參決於中」，後者所謂「參決於中」，即是指中書通事舍人於內廷與皇帝參決國家大政，這項權力似乎自宋武帝以後才發展出來，在此之前中書通事舍人雖受皇帝親任，仍未擁有參決國家大政的權限。

　　景平年間，中書舍人邢安泰、潘盛曾參與廢弒宋少帝的政變，《宋書》卷四〈少帝本紀〉：

> 始徐羨之、傅亮將廢帝，諷王弘、檀道濟求赴國訃。弘等來朝。使中書舍人邢安泰、潘盛爲內應。是旦，道濟、謝晦領兵居前，羨之等隨後，因東掖門開，入自雲龍門。盛等先戒宿衛，莫有禦者……（少帝）其朝未興，兵士進，殺二侍者於帝側，傷帝指。扶出東閤，就收璽紱，群臣拜辭，送於東宮，遂幽於吳郡……六月癸丑，徐羨之等使中書舍人邢安泰殺帝於金昌亭。（頁66）

同書卷四三〈徐羨之傳〉也有類似的記載，只於「中書舍人邢安泰、潘盛爲內應」之下有「其日守關」的記載（頁1331）。徐羨之等發動政變時，除利用檀道濟「先朝舊將，威服殿省，且有兵眾」〔註24〕的實力外，又假借王弘的世家聲望，〔註25〕而中書舍人邢安泰、潘盛在政變的過程中也扮演了相當重要的角色，有這兩個人作內應守關，事先處分告戒宮中的宿衛，使其放棄抵抗，他們才能在只殺了兩名侍者的情況下輕易地擒住少帝；至於宿衛之所以會完全服從，除了爲徐羨之等輔政大臣的權勢及檀道濟「威服殿省」的實力所震懾外，邢、潘二人對那些宿衛所發揮的影響力也不可忽略，中書舍人在宮內「宿衛」中的份量亦由此可知。劉宋時代的官廷政變，除文帝太子劉劭的弒立外，都是先有內應才得以成功的。

　　元嘉初年，中書舍人秋當、周赳甚爲宋文帝所信委，雖「並管要務」，〔註26〕却未參與政務決策，只是皇帝的使役之職而已。如卷六三〈殷景仁傳〉：

> 丁母憂，葬竟，起爲領軍將軍，固辭。上使綱紀代拜。遣中書舍人

〔註24〕《宋書》卷四三〈徐羨之傳〉，頁1331。

〔註25〕王弘是當時門第最高也是最有實力的世族，也可說是門閥世族的代表。徐羨之等的廢立政變若得到王弘的支持，就可以粉飾成伊、霍之舉，而顯得名正言順。

〔註26〕《宋書》卷六二〈張敷傳〉，頁1663。

周赳輿載還府。（頁 1682）

這是宋文帝使周赳代表他去弔慰原爲侍中兼中領軍的殷景仁，文帝之世眞正
掌握機要職權者爲門下侍中等，而殷景仁正是文帝所最親信的大臣，雖在丁
憂守喪期中，文帝仍特別地起用爲領軍將軍，殷景仁照慣例加以固辭，於是
文帝乃「使綱紀代拜」，並遣周赳「輿載還府」（即半強迫地迎回領軍府）就
職，以表示文帝對他的優崇。又同卷〈王曇首傳〉：

> （元嘉）七年，卒。太祖爲之慟，中書舍人周赳侍側，曰：「王家欲
> 衰，賢者先殞。」上曰：「直是我家衰耳。」（頁 1680）

由宋文帝與「侍側」的周赳的這段對話，便可看出中書舍人與皇帝間關係之
密切，此時的中書舍人簡直就是皇帝身邊最親近的「私臣」了。〔註27〕此外，
宋文帝又有以中書舍人代表他出宣詔命，有時候並傳達皇帝私人的旨意，或
執行特殊的處分。如卷四三〈傅亮傳〉：

> 元嘉三年，太祖欲誅亮，先呼入見，省內密有報之者，亮辭以嫂病
> 篤，求暫還家。遣信報徐羨之，因乘車出郭門，騎馬奔兄迪墓。屯
> 騎校尉郭泓收付廷尉，伏誅。時年五十三。初至廣莫門，上遣中書
> 舍人以詔書示亮，并謂曰：「以公江陵之誠，當使諸子無恙。」（頁
> 1337～1338）

卷四四〈謝晦傳〉附載謝晦致京邑的檄文曰：

> ……王華賊亡之餘……及周赳使下，又令見咨，云：「欲自攬政事，
> 求離任還都，并令曇首具述此意。」又惠觀道人說，外人告華及到
> 彥之謀反，不謂無之。城內東將，數日之內，操戈相待。華說數爲
> 秋當所譖，常不自安……（頁 1354）

按：宋文帝被奉迎入奉皇統時，留王華坐鎮荊州軍府以總後任，謝晦在檄文
中攻詰他向周赳要求「離任還都」，而「欲自攬政事」，甚至想謀反；不管事
實眞象如何，周赳確實是代表文帝的特使，往來荊州與京城間以傳達朝廷的
命令並使下情上達。也不論王華的建議是否「數爲秋當所譖」（王華的官位是

〔註27〕秋當、周赳也有炫耀其地位的意圖，曾以「員外郎」自許，而想結交「名家」。
《宋書》卷六二〈張敷傳〉：
中書舍人秋當、周赳並管要務，以敷同省名家，欲詣之。赳曰：「彼若不相容，
便不如不往。詎可輕往邪？」當曰：「吾等並已員外郎矣，何憂不得共坐。」
敷先設二牀，去壁三四尺，二客就席，酬接甚歡，既而呼左右曰：「移我遠客。」
赳等失色而去。（頁 1663）

侍中領右衛將軍，亦極受文帝親任而參預機要），却沒有影響到王華受文帝信任的程度，倒是王華却日夜在文帝面前構煽徐羨之等。〔註28〕

又如本章第一節所引《南史》卷二三〈王球附傳〉，有徐爰於元嘉初年為中書舍人，且受宋文帝所寵愛的記載；而《宋書》卷九四〈恩倖‧徐爰傳〉：

> 太祖初，又見親任，歷治吏勞，遂至殿中侍御史。元嘉十二年，轉南臺侍御史……遷員外散騎侍郎。太祖每出軍行師，常懸授兵略。二十九年，重遣王玄謨等北伐，配爰五百人，隨軍向碻磝，銜中旨，臨時宣示。（頁2306～2307）

將《南史》與《宋書》兩段史文對照研究，則徐爰於「太祖初又見親任歷治吏勞」，也就是他擔任中書舍人的情形。因劉宋時代中書門下兩省的職掌尚未完全劃分清楚，宋文帝既將內樞的機要權任委之侍中等門下省長官，文屬於門下省的員外散騎侍郎自然也有被皇帝指派特殊的任務的可能，〔註29〕因而每次北伐，宋文帝多以徐爰銜中旨而懸授兵略，〔註30〕可見徐爰受文帝寵信的程度，但這恐怕與徐爰曾任中書舍人「歷治吏勞」的經歷有很大的關連吧！徐爰的確也是一位很有學識、才幹與手腕的行政官僚，除了「微密有意理」、「歷治吏勞」外，且「便僻善事人，能得人主微旨。頗涉書傳，尤悉朝儀」，〈恩倖‧徐爰傳〉：

> 時世祖將即大位，軍府造次，不曉朝章，爰素諳其事，既至，莫不喜悅，以兼太常丞，撰立儀注……先是元嘉中，使著作郎何承天草

〔註28〕《宋書》卷六三〈王華傳〉：
（孔）寧子與華並有富貴之願，自羨之等秉權，日夜構之於太祖。（頁1667）
〔註29〕員外散騎侍郎等集書省的官員名額極多，到劉宋時代除少數特別受重用者外，已成為一個安插冗員或熬年資的閒散機構。如《宋書》卷六九〈范曄傳〉：
初，魯國孔熙先博學有縱橫才志，文史星算無不兼善。為員外散騎侍郎，不為時所知，久不得調……及義康被黜，熙先密懷報效……（元嘉二十二年十一月事發）熙先望風吐款，辭氣不撓，上奇其才，遣人慰勞之曰：「以卿之才而滯於集書者，理應有異志。此乃我負卿也。」又詰責前吏部尚書何尚之曰：
「使孔熙先年將三十作散騎郎，那不作賊。」（頁1820～1826）
〔註30〕宋文帝命將出師，自己不親臨陣地，而每派近臣授以成律，即交戰日時亦須待中詔，對前線的將帥不能充份地信任，而其所起用的將帥自名將檀道濟被誅以後，已無堪用的將才，怪不得屢次出師北伐皆無功而退。故《宋書》卷五〈文帝本紀〉論曰：
授將遣帥，乖分閫之命，才謝光武而遙制兵略，至於攻日戰時莫不仰聽成旨。雖覆師喪旅，將非韓、白，而延寇慼境，抑此之由。（頁103）

創國史……（大明）六年，又以爰領著作郎，使終其業。爰雖因前

作，而專爲一家之書……元嘉初便入侍左右，預參顧問，既長於附

會，又飾以典文，故爲太祖所任遇。大明世，委寄尤重，朝廷大禮

儀注非爰議不行，雖復當時碩學所解過人者，既不敢立異議，所言

亦不見從。（頁 2307～2310）

怪不得徐爰會歷經文帝、孝武帝、前廢帝三代，都一直被寵待而「秉權日久」，但終因得罪明帝而於泰始三年被放逐到交州。

元嘉二十八年正月，宋文帝遣中書舍人嚴龍以毒藥賜彭城王義康（當時被廢爲庶人、徙付安成郡）死。卷六八〈武二王・彭城王義康傳〉：

索虜來寇瓜步，天下擾動。上慮異志者或奉義康爲亂，世祖時鎭彭

城，累啓宜爲之所，太子及尚書左僕射何尚之並以爲言。二十八年

正月，遣中書舍人嚴龍齎藥賜死。義康不肯服藥，曰：「佛教自殺不

復得人身，便隨宜見處分。」乃以被揜殺之，時年四十三，以侯禮

葬安成。（頁 1796～1797）

文帝彭城王與義康兄弟倆，由於主相的權力鬥爭而積不相容，首開劉宋時代手足相殘之先例。義康被廢後仍不斷有謀反者欲奉戴義康爲亂，文帝在外敵入侵而其統治力量不穩時，爲了消弭野心份子的覬覦之心，不得不將義康處死；但義康本身並無明顯的罪狀，無法以國法加以處決，只好私下派中書舍人以毒藥將他處死（可能秘密進行），而義康死後尚以侯禮葬之，表面上似乎也看不出迫害的痕迹來，嚴龍之所以被授予這項特殊任務，乃因中書舍人正是皇帝側近最受親任的私臣的緣故。嚴龍在元嘉年間已爲中書舍人、南臺御史，到了孝武帝在位時又再任中書舍人，很爲孝武帝所委信，景和、泰始之際升遷至越騎校尉、右軍將軍（第四品侍衛武官職，但不領營兵），仍兼領中書舍人，卷八〇〈孝武十四王・松滋侯子房傳〉中附載宋明帝詔書云：

……路休之兄弟專作謀主，規興禍亂，令舍人嚴龍覘覦宮省，以羽

林出討，宿衛單罄，候隙伺間將謀竊發……（頁 2061）

嚴龍就是對宋明帝的政權懷有異端而被誅殺的。由詔文內容可以看出，中書舍人必然對「宮省」內的情況非常瞭解，也頗預聞宮省內的機密要務，因而有機會參與宮廷政變。另外，宋文帝將廢太子劉劭，劭乃弒文帝自立；當時也曾責備中書舍人顧嘏不早通報，因而殺之。卷九九〈二凶傳〉：

呼中書舍人顧嘏，嘏震懼不時出，既至，問曰：「欲共見廢，何不蚤

啟。」未及答，即於前斬之。(頁 2427)

中書舍人在元嘉時期雖得皇帝信委，但尚未能參決國家大政，就以廢太子一案，文帝只與侍中王僧綽、尚書僕射徐湛之、吏部尚書江湛等三人密議而已，廢太子的詔草也交由江湛負責起擬，並未見有中書舍人參預其事者；但由劉劭責殺顧琛一事看來，中書舍人必然也預聞了部份內情。

劉劭的弒立使偶握重兵的武陵王駿於討逆之役得著先鞭，未入建康即先登帝位，這顯露出孝武帝的起兵是為權力而不是為大義。孝武帝生母路淑媛不為文帝所寵，連帶也使他得不到父皇的寵愛，自十六歲出鎮襄陽（元嘉二十二年）以來，即屢出外藩；一個長久離開父皇身邊而失寵的皇子，原是絕無繼承皇位的希望，即令在文帝決定廢太子劭並誅始興王濬的時候，也沒有把他列入新太子人選的考慮對象中（雖然他是第三皇子）。〔註31〕孝武帝由於幼年失寵，其皇位之獲得多少有點僥倖，即位後又備受其叔南郡王義宣及其弟竟陵王誕的挑戰威脅，〔註32〕使他對本身的地位與權力極度敏感，加上長期的心理不平衡，養成他雄猜暴虐、動輒殺戮的個性，〔註33〕並採取殘酷的手段進行極權式的獨裁

〔註31〕《宋書》卷七一〈徐湛之傳〉：
二凶巫蠱事發，上欲廢劭，賜濬死。而世祖不見寵，故累出外藩，不得停京輦。南平王鑠、建平王宏並為上所愛，而鑠妃即湛妹，勸上立之。元嘉末，徵鑠自壽陽入朝，既至，又失旨，欲立宏，嫌其非次，是以議久不決。(頁 1848)
〔註32〕這兩人都是與孝武帝同時起義討逆的藩王，義宣輩份較高，且久鎮荊州，「兵強財富，既首創大義，威名著天下」《宋書》卷六八〈武二王·南郡王義宣傳〉，頁 1800，因不甘臣服向孝武帝挑戰；誕則既討逆有功（奔牛之捷，光復三吳），又平定義宣的反叛，累建殊勳，乃引起孝武帝的猜疑（同書卷七九〈文五王·竟陵王誕傳〉，頁 2026）。
〔註33〕《宋書》卷九四〈恩倖·戴法興傳〉：
世祖親覽朝政，不任大臣……上性嚴暴，睚眥之間，動至罪戮。(頁 2303)
同書卷七九〈文五王·竟陵王誕傳〉：
上流平定，誕之力也。初討元凶，與上同舉兵，有奔牛之捷，至是又有殊勳，上性多猜，頗相疑憚。(頁 2026)
卷七七〈柳元景傳〉：
世祖嚴暴異常，元景雖荷寵遇，恒慮及禍。太宰江夏王義恭及諸大臣，莫不重足屏氣，未嘗敢私往來。世祖崩，義恭、元景等並相謂曰：「今日始免橫死。」(頁 1990)
卷六一〈武三王·江夏文獻王義恭傳〉：
時世祖嚴殘，義恭慮不見容，乃卑辭曲意盡禮祇奉。(頁 1650)
而其統治手段之殘酷，尤以處理竟陵王誕一案最可見其酷虐的程度。誕之反叛雖出於孝武帝的逼迫，但他卻濫誅無辜以洩憤；〈竟陵王誕傳〉：
世祖忿誕，左右腹心同籍幕親並誅之，死者以千數。或有家人已死，方自城

統治；而一旦居至尊之位，驟然之間擁有人世間至高無上的威權，其自卑感遂一變而爲自大狂，自以爲是無所不能的超人，〔註34〕於是，省「錄尙書事」之官、變更尙書分曹組織，〔註35〕極力破壞尙書省統外司而總政令的職制，以便親自掌握朝政。事實上，那是任何人都不可能做得到的，只好將部份權力委寄於他所寵信的心腹舊僚，作爲其統治工具與耳目。最初，出自世族的顏竣，以蕃朝之舊及斷決討逆軍機之功，因而任遇最隆，勢傾朝野，後因極陳得失而失寵，終被賜死，從此即專任側近的寒人戴法興等。卷九四〈恩倖傳〉序，論劉宋中葉以後寒人恩倖受重任而掌權的因果曰：

> 夫人君南面，九重奧絕，陪奉朝夕，義隔卿士，階闥之任，宜有司存。既而恩以倖生，信由恩固，無可憚之委，有易親之色。孝建、泰始，主威獨運，官置百司，權不外假，而刑政糾雜，理難徧通，耳目所寄，事歸近習。賞罰之要是謂國權，出內王命由其掌握，於是方塗結軌輻湊同奔。人主謂身卑位薄，以爲權不得重，曾不知鼠憑社貴狐藉虎威，外無逼主之嫌，內有專用之功，勢傾天下，未之

內叛出者。（頁 2032）

又恨廣陵軍民助誕守城，抗拒官軍達三個月，城剋之後，孝武帝下令屠廣陵城，大肆報復。卷六〈孝武帝本紀〉，大明三年七月己巳條：

剋廣陵城，斬誕。悉誅城內男丁，以女口爲軍賞。（頁 123）

〔註34〕　專制君主的狂妄心理，使他以爲自己的地位既是君臨於兆民之上，便自我陶醉地幻想著自己的才智，也是無可倫比地超乎常人之上，甚而自以爲是無所不能的超人。（參照徐復觀：〈漢代一人專制政治下的官制演變〉，《周秦漢政治社會結構之研究》，頁 229）

《宋書》卷五一〈宗室・臨川王義慶傳附鮑照〉：

世祖以照爲中書舍人。上好爲文章，自謂物莫能及，照悟其旨，爲文多鄙言累句，當時咸謂照才盡，實不然也。（頁 1480）

又《南齊書》卷三三〈王僧虔傳〉：

僧虔弱冠，弘厚，善隸書。宋文帝見其書素扇，歎曰：「非唯跡逾子敬，方當器雅過之。」……孝武欲擅書名，僧虔不敢顯跡。大明世，常用掘筆書，以此見容。（頁 591〜592）

以帝王之尊而與臣下爭文章、書名，若非出於自大狂又是什麼？況且劉宋的君主一向不注重皇子的教育，《宋書》中有關孝武帝「閨庭無禮」的記載甚多（如卷四一〈后妃傳〉，頁 1287；卷六八〈武二王傳〉，頁 1800 等），像孝武帝這副德行，如何成爲第一流的文學家、書法家？他的自大狂只不過是自欺欺人的幻想罷了。

〔註35〕　參照陳啓雲：〈劉宋時代尙書省權勢之演變〉，《新亞學報》四卷一期，頁 171〜173。

或悟。（頁 2302）

第一個直接參決大政，專管內務而掌握實權的中書舍人是戴法興，宋孝武帝之世以他的權力最爲龐大，其次是巢尚之、戴明寶、蔡閑等。〈恩倖·戴法興傳〉：

> 上爲江州，仍補南中郎典籤。上於巴口建義。法興與典籤戴明寶、蔡閑俱轉參軍督護。上即位，並爲南臺侍御史，同兼中書通事舍人。法興等專管內務，權重當時。孝建元年……解舍人，侍太子於東宮……世祖親覽朝政，不任大臣，而腹心耳目不得無所委寄。法興頗知古今，素見親待，雖出侍東宮，而意任隆密。魯郡巢尚之……亦涉獵文史，爲上所知，孝建初補東海國侍郎，仍兼中書通事舍人。凡選授遷轉誅賞大處分，上皆與法興、尚之參懷，內外諸雜事多委明寶。（頁 2303）

孝武帝死後，雖復置「錄尚書事」，且居總己阿衡之位，但戴法興的權力却更加龐大，並對尚書省的政事權橫加侵蝕，尚書中事無大小皆由法興專斷之，尚書省長官（即名義上的宰相）只守空名而已，以致市里道路之言，以法興爲眞天子，前廢帝爲贋天子。〈戴法興傳〉：

> 世祖崩，前廢帝即位，法興遷越騎校尉。時太宰江夏王義恭錄尚書事，任同總己，而法興、尚之執權日久，威行內外，義恭積相畏服，至是惴惲尤甚。廢帝未親萬機，凡詔勑施爲悉決法興之手，尚書中事無大小，專斷之，顏師伯、義恭守空名而已。廢帝年已漸長，凶志轉成，欲有所爲，法興每相禁制……帝常使願兒（前廢帝所愛幸閹人華願兒）出入市里，察聽風謠，而道路之言，謂法興爲眞天子，帝爲贋天子。（頁 2304）

這與孝武帝的遺詔完全相違背，孝武帝臨終時，原欲將政事託付太宰義恭（前廢帝即位後又加「錄尚書事」）、尚書令柳元景、尚書僕射顏師伯，軍事則委任司空沈慶之、領軍將軍王玄謨，〔註 36〕但這些受顧命的輔政大臣爲戴法

〔註36〕《宋書》卷六一〈武三王·江夏文獻王義恭傳〉：
其月（大明八年閏五月），世祖崩，遺詔：「義恭解尚書令，加中書監，柳元景領尚書令，入住城內；事無巨細，悉關二公。大事與沈慶之參決，若有軍旅，可爲總統。尚書中事委顏師伯。外監所統委王玄謨。」前廢帝即位，詔曰：「總錄之典著自前代。孝建始年雖暫并省，而因革有宜，理存濟務。朕縈獨在躬，未涉政道，百揆庶務允歸尊德。太宰江夏王義恭新除中書監、太尉，

興、巢尚之等的威勢所懾服，不敢負起其法定的職責，而相率「引身避事」，將實權拱手讓給「執權日久威行內外」的「近習」小官。卷五七〈蔡廓附子興宗傳〉：

> 時義恭錄尚書事，受遺輔政，阿衡幼主，而引身避事，政歸近習。越騎校尉戴法興、中書舍人巢尚之專制朝權，威行近遠。興宗職管九流，銓衡所寄，每至上朝，輒與令、錄以下陳欲登賢進士之意，又箴規得失，博論朝政。義恭素性恇橈，阿順法興，常慮失旨，聞興宗言輒戰懼無計……興宗每陳選事，法興、尚之等輒點定回換，僅有存者。興宗於朝堂謂義恭及師伯曰：「主上諒闇，不親萬機，而選舉密事多被刪改，復非公筆，亦不知是何天子意。」（頁 1575～1576）

陳啓雲於〈劉宋時代尚書省權勢之演變〉一文中，對此曾有如下之解釋：

> 按：上述諸人，巢尚之長兼中書通事舍人，已見恩倖本傳。戴明寶則本傳中但述其歷員外散騎侍郎，給事中，南清河太守，宣威將軍，南東莞太守諸官號，不云任中書職，法興傳中亦只云法興明寶於世祖即位初，同兼中書通事舍人而已，然據阮佃夫傳記載佃夫欲謀前廢帝，「又告中書舍人戴明寶並響應」，則明寶亦長兼中書舍人也。宋書於諸舍人多書其官號而略其通事之職，如王道隆於太宗及後廢帝時，亦以長兼中書通事舍人，權過阮佃夫，而蔡興宗傳中但謂：「時右軍將軍王道隆任參內外，權重一時。」而不提通事之職，實則道隆之權勢，固不在其為中軍（筆者按：「中軍」應是「右軍」之誤）將軍也。是故前引史文雖謂戴法興出侍東宮，後遷越騎校尉，疑亦當長兼通事舍人如故，否則越騎非文案之職，何得輒決詔勅，專斷尚書選事哉。（《新亞學報》四卷一期，頁 174～175）

筆者以為陳啓雲的解釋雖自有其道理，但若認為戴法興不長兼中書通事舍人，便無法「輒決詔勅，專斷尚書選事」，恐怕也未必盡然如此；要不然，何以阮佃夫、楊運長都是在後廢帝即位後才兼任中書通事舍人，但明帝之世即「並執權柄，亞於人主」？這是因為只要與皇帝親近並獲其信任者便可得權用事，並不一定須擔任某官才能擁有某種職權。尤其在一人專制的極權統治

> 地居宗重，受遺阿衡，實深憑倚，用康庶績，可錄尚書事，本官監、太宰、王如故……」（頁 1650）

下，特別容易爲了獨裁者一時的便利而任意破壞既成的制度。

前廢帝年歲漸長，無法忍受另有一個凌駕於他之上的權勢存在，非但不許那些受顧命的輔政大臣擁有執政的實權，連久握機要權柄的中書舍人（此時已擴及一般的政事權），也與這年輕的新君發生了嚴重的權力衝突，只有徐爰仍受前廢帝寵信。前廢帝即位之初，戴明寶的權任轉輕，真正得權用事的只有戴法興、巢尙之二人，尤其戴法興的權勢更是如日中天，相形之下前廢帝的地位便有如傀儡皇帝一般，於是，前廢帝乃將戴法興免官，遣還田里，又於家賜死；復解巢尙之中書舍人之職，剝奪其權力，以便親自掌握朝權。〈戴法興傳〉：

> 廢帝……欲有所爲，法興每相禁制，每謂帝曰：「官所爲如此，欲作營陽耶？」帝意稍不能平。所愛幸閹人華願兒有盛寵，賜與金帛無算，法興常加裁減，願兒甚恨之……願兒因此告帝曰：「外間云宮中有兩天子，官是一人，戴法興是一人。官在深宮中，人物不相接，法興與太宰、顏、柳一體，吸習往來，門客恒有數百，內外士庶莫不畏服之。法興是孝武左右，復久在宮闈，今將他人作一家，深恐此坐席非復官許。」帝遂發怒，免法興官，遣還田里，仍復徙付遠郡，尋又於家賜死……死一宿，又殺其二子，截法興棺，焚之，籍沒財物……死後，帝敕巢尙之曰：「……戴法興……積釁累怨遂至於此。卿等忠勤在事，吾乃具悉，但道路之言，異同紛糾……委付之旨良失本懷。吾今自親覽萬機留心庶事……」尙之……乃解舍人，轉爲撫軍諮議參軍，太守如故。（頁2304～2305）〔註37〕

以戴法興那種權勢，一旦被免官奪權即俯首就戮，絲毫沒有反抗的能力，便是因他雖擁有政治上最高的權力，却沒有掌握住軍權的緣故。

景和末，宋明帝被拘禁於殿內，幸得其心腹阮佃夫等定謀，勾結前廢帝左右的宿衛發動宮廷政變，弑前廢帝而擁立明帝。卷九四〈恩倖·阮佃夫傳〉：

> 景和末，太宗被拘於殿內，住在秘書省，爲帝所疑，大禍將至，惶懼計無所出。佃夫與王道隆、李道兒及帝左右琅邪淳于文祖謀共廢

〔註37〕《宋書》卷九四〈恩倖·戴明寶傳〉：
　　　　前廢帝即阼，權任悉歸法興，而明寶輕矣，以爲宣威將軍、南東莞太守。（頁2305）

立……景和元年十一月二十九日晡時，帝出幸華林園……佃夫以告外監典事〔註38〕東陽朱幼，又告主衣吳興壽寂之、細鎧主南彭城姜產之，產之又語所領細鎧將臨淮王敬則，幼又告中書舍人戴明寶，並響應……幼豫約勒內外，使錢藍生密報建安王休仁等。時帝欲南巡，腹心直閤將軍宗越等其夕並聽出外裝束，唯有隊主樊僧整防華林閤，是柳光世鄉人，光世要之，僧整即受命。姜產之又要隊副陽平轟慶及所領壯士會稽富靈符、吳郡俞道龍、丹陽宋遠之、陽平田嗣，並聚於慶省……帝見寂之至，引弓射之，不中，乃走，寂之追而殞之。事定，宣令宿衛曰：「湘東王受太后令，除狂主，今已平定。」

（頁 2312～2313）

明帝即位之後，雖以建安王休仁為司徒、尚書令領揚州刺史，任總百揆而居宰相之位，終以猜忌賜死，最後只有袁粲、褚淵兩人始終受到明帝的委任，但實際掌握朝政者却是明帝左右的親信——即幫助他取得帝位的那些心腹舊僚。明帝之世，王道隆、李道兒均兼中書通事舍人，而阮佃夫、楊運長亦以南臺侍御史、員外散騎侍郎，並帶將軍號及太守，直到後廢帝即位才同兼中書通事舍人，這四個人都是宋明帝側近的小官，却掌握「亞於人主」的權柄，尤過於孝武帝時的巢尚之、戴法興。〔註39〕〈阮佃夫傳〉：

時佃夫、王道隆、楊運長並執權柄，亞於人主。巢、戴大明之世方之蔑如也……大通貨賄，凡事非重賂不行……宅舍園池，諸王邸第莫及……雖晉世王、石，不能過也。（頁 2314）

同卷〈恩倖・王道隆傳〉：

〔註38〕《南史》卷五一〈梁宗室上・吳平侯景傳〉：
天監七年，為左驍騎將軍兼領軍將軍。領軍管天下兵要，宋孝建以來，制局用事，與領軍分權，典事以上皆得呈奏，領軍垂拱而已。及景在職峻切，官曹肅然，制局監皆近倖，頗不堪命，以是不得久留中。（1260～1261）
《南齊書》卷五六〈倖臣傳〉論：
制局小司，專典兵力，雲陛天居，互設蘭錡，羽林精卒，重屯廣衛。至于元戎啟轍，式候還麾，遮迾清道，神行案蹕，督察往來，馳騖筆轂，驅役分部，親承几案，領護所攝，示總成規。若微兵動眾，大興民役，行留之儀，請託在手；斷割牢稟，賣弄文符，捕叛追亡，長戍遠謫，軍有千齡之壽，室無百年之鬼，害政傷民於此為蠹。（頁 979）
則朱幼為外監典事亦督掌禁軍武力，憑此權勢而「豫約勒內外」。
〔註39〕李道兒於泰始四年即病死，故其重要性不如其他三人。《宋書》卷九四〈恩倖・阮佃夫附李道兒傳〉，頁 2316。

道隆爲太宗所委，過於佃夫，和謹自保，不妄毀傷人，執權既久，
家產豐積，豪麗雖不及佃夫，而精整過之。（頁 2317）

〈恩倖・楊運長傳〉也有同樣的記載：

性謹愨，爲太宗所委信。及即位，親遇甚厚，與佃夫、道隆、李道
兒等並執權要。（頁 2318）

後廢帝即位之後，阮佃夫、楊運長同兼中書通事舍人，而阮佃夫的權力更加
擴大；當時袁粲等人雖受顧命輔政，但阮佃夫却將輔政大臣的意見置之不理，
逕之以其喜好「稱敕施行」，而袁粲等却不敢加以制裁。到了元徽五年，終於
與後廢帝發生了嚴重的權力衝突，而爲後廢帝所收殺，這幾乎就是前廢帝殺
戴法興的歷史重演。〈阮佃夫傳〉：

太宗晏駕，後廢帝即位，佃夫權任轉重，兼中書通事舍人，加給事
中、輔國將軍，餘如故。欲用張澹爲武陵郡，衛將軍袁粲以下皆不
同，而佃夫稱敕施行，粲等不敢執。元徽三年，遷黃門侍郎，領右
衛將軍，太守如故。明年，改領驍騎將軍。其年，遷……南豫州刺
史、歷陽太守，猶管內任……佃夫密與直閤將軍申伯宗、步兵校尉
朱幼、于天寶謀共廢帝，立安成王。五年春，帝欲往江乘射雉……
佃夫欲稱太后令喚隊仗還，閉城門，分人守石頭、東府，遣人執帝
廢之，自爲揚州刺史輔政……于天寶因以其謀告帝，帝乃收佃夫、
幼、伯宗於光祿外部，賜死。（頁 2315）

阮佃夫也是因爲未掌握兵權（步兵校尉不領營兵，而直閤將軍所領兵力有
限），以致政變不成而被誅。自從元徽二年桂陽王休範之役平定以後，朝廷的
軍權已漸被蕭道成所掌握，宮廷內的宿衛也多半被他收買了，因此後廢帝屢
次想殺害蕭道成却無法下手；而且實際的政權也由蕭道成暗中操縱著，只不
過在表面上，後廢帝仍擁有天子的尊號，朝廷中與地方州郡仍有效忠劉宋王
朝的勢力，直到蕭道成發動政變成功，弒後廢帝改立順帝爲傀儡，自爲輔政
大臣才完全控制一切大權；但自蕭道成掌權以來，過去權亞人主的阮佃夫、
楊運長等便逐漸失勢了，〔註 40〕機要權任轉由蕭道成幕府中的僚佐所掌握，

〔註 40〕 王道隆死於桂陽之役；阮佃夫遷黃門侍郎領右衛將軍已有明昇暗降的徵
兆，及出爲南豫州刺史，雖「猶管內務」，但權勢已大不如前了，否則他既
有心廢立，何以仍被後廢帝所殺。而楊運長於順帝即位後出爲宣城太守，
不久更去郡還家，被解除了一切的權力，最後還爲蕭道成所誅。《宋書》卷
九四〈恩倖・王道隆傳〉，頁 2317；同卷〈阮佃夫傳〉，頁 2315；〈楊運長

較受蕭道成委任者有：王儉等擁護蕭氏的門閥世族，以及效忠於蕭道成的一些寒人，如劉係宗、紀僧眞等人，齊朝建立之後，王儉爲相執政，劉、紀等則兼中書通事舍人而專掌機密。

　　東晉中葉以後的皇帝爲了想要親覽朝政，乃使中書舍人直接聽命於他，劉宋時並將舍人之下的主事改用文吏，而于天子內殿成立直屬皇帝的秘書機構。宮崎市定著《九品官人法の研究》第二編第三章第十一節〈寒官の發達〉以爲：

> 天子離百官想在內殿之中形成自身的內閣，在宋代爲清官的中書郎
> 也爲天子所敬遠，七品官的中書通事舍人在其下置主書令史，在天
> 子內殿成立直屬政府。此新政府發生權威可以説是在宋孝武帝、明
> 帝之際。（頁 294）

宮崎市定此論想是據《宋書》卷四○〈百官志〉下：

> 舍人直閣內，隸中書，其下有主事。（頁 1246）

及《通典》卷二一〈職官〉三：

> 宋初又置中書通事舍人四員，入直閣內，出宣詔命，凡有陳奏皆舍
> 人持入參決於中，自是則中書原郎之任輕矣。（頁 125）

即是在閣內成立皇帝之秘書機構，但在法制上隸屬於中書省管轄。〔註 41〕雖然他們以七品小官而權力凌駕朝廷大臣，但其權力畢竟還是寄生於皇權之下，不管他們擁有多大的權勢，依然是藉著皇帝的名義來執行的，因此當他們與皇帝的權力發生衝突，或皇帝受權臣控制時，他們便毫無反抗能力而任憑處分（未能掌握兵權也是重要原因之一）。

　　這些出自寒庶的中書舍人，多被史書列入〈恩倖傳〉、〈倖臣傳〉中，但他們並非全靠孤媚以邀寵，他們絕大多數都有皇帝所不得不依賴的才幹，這也是他們能崛起於政治舞台的主要憑藉，而其中如戴法興遇前廢帝無道，頗能加以禁制；巢尙之對孝武帝這樣的暴虐君主，也常「臨事解釋」，挽救了不少人命；〔註 42〕王道隆於泰始年間受明帝委任的程度超過於阮佃夫，却

傳〉，頁 2318。

〔註41〕參照鄭欽仁《北魏中書省考》第三章第二節〈主書令史〉註釋（一），頁 113～114。

〔註42〕《宋書》卷九四〈恩倖・戴法興傳〉：
上性嚴暴，睚眦之間動至罪戮，尙之每臨事解釋，多得全免，殿省甚賴之。（頁 2303）。

「和謹自保，不妄毀傷人」；楊運長也是「質木廉正，治身甚清，不事園宅，不受餉遺」。〔註43〕但能持正者少，乘勢作姦者多，雖可得其力用，而此輩寒人一旦得勢多招權納賄，不似世族專政時之尚能顯惜名論。〈戴法興傳〉：

> 而法興、明寶大通人事，多納貨賄，凡所薦達言無不行，天下輻湊，門外成市，家產累千金。明寶驕縱尤甚，長子敬爲揚州從事，與上爭買御物。六宮嘗出行，敬盛服騎馬於車左右馳驟去來，上大怒，賜敬死，繫明寶尚方，尋被原釋，委任如初。（頁2303）

〈阮佃夫傳〉：

> 大通貨賄，凡事非重賂不行……泰始初，軍功既多，爵秩無序，佃夫僕從附隸皆受不次之位，捉車人虎賁中郎，傍馬者員外郎。朝士貴賤莫不自結，而矜傲無所降意，入其室者唯吳興沈勃、吳郡張澹數人而已。（頁2314～2315）

甚至如戴明寶於大明之世備受孝武帝委任，却響應阮佃夫謀弒前廢帝的政變，推戴宋明帝並爲其盡力。前引〈阮佃夫傳〉：

> 幼又告中書舍人戴明寶，並響應。（頁2312～2313）

同卷〈戴明寶傳〉：

> 前廢帝即祚，權任悉歸法興，而明寶輕矣……太宗初，天下反叛，軍務煩擾，以明寶舊人，屢經戎事，復委任之，以爲前軍將軍……泰始三年，坐參掌戎事多納賄貨，削增封官爵，繫尚方，尋被宥。（頁2305）

專制君主與其側近的親信是站在同一陣線的，只要不威脅到他的皇權，縱有罪愆也多加以寬宥。然而，這些手執權柄的「倖臣」却只以本身權力之得失爲重，他們爲專制君主盡力效勞的動機，即在於想藉此而鞏固自己的權勢。戴明寶之所以參預廢立政變，多少也是爲了前廢帝即位後其權任轉輕的緣故。又〈恩倖傳〉序云：

> 及太宗晚運，慮經盛衰，權幸之徒憪憚宗戚，欲使幼主孤立，永竊國權，構造同異，興樹禍隙，帝弟宗王相繼屠剝。民忘宋德雖非一塗，實祚夙傾實由於此。（頁2302）

卷七二〈文九王・始安王休仁傳〉：

> 其年（泰始七年），上疾篤，與楊運長等爲身後之計，慮諸弟強盛，太子幼弱，將來不安。運長又慮帝晏駕後，休仁一旦居周公之地，

〔註43〕《宋書》卷九四〈恩倖・楊運長傳〉，頁2318。

其輩不得秉權，彌贊成之……乃召休仁入見……其夜，遣人齎藥賜
休仁死，時年三十九。（頁 1873）

又卷七九〈文五王·桂陽王休範傳〉載休範起兵時，曾致書與袁粲等朝廷大
臣曰：

……先帝（宋明帝）寢疾彌年……于時出入臥內，唯有運長、道隆，
群細無狀，因疾遘禍，見上不和，知無瘳拯，慮晏駕之日，長王作
輔，奪其寵柄，不得自專，是以內假帝旨外託朝議……事先關己雖
非必行，若不諮詢雖是必抑……遂致先帝有殺弟之名……分崩之
際，詔出兩豎……（頁 2047～2050）

從門閥世族的觀點，總以爲出身寒賤則小器易盈不知大體，而將這些受專制
君主所委任的側近人物，一概斥爲佞倖並垂諸史籍。

　　〈恩倖傳〉所記載的中書通事舍人，都是在孝武帝以後才崛起於政壇的
人物，元嘉以前的中書舍人雖也有爲君主親信者，但在權勢上則遠不如，充
其量不過是皇帝側近使役的私臣罷了。當中書舍人得權用事以來，這種角色
便轉由舍人之下的主書所擔任，如本文第三章第一節所引述孝武帝遣主書吳
喜公撫慰雍州刺史王玄謨，及明帝遣主書趙扶公責訓永嘉王子仁即是其例。
又〈恩倖·王道隆傳〉：

道隆亦知書，爲主書書吏，漸至主書。世祖使傳命，失旨，遣出，
不聽復入六門。（頁 2317）

由於皇帝亟欲獨攬朝政，以中書通事舍人爲首而直屬皇帝的秘書機構，乃隨
之膨脹並擁有龐大的權勢；也由於這個機構在法制上是屬於中書省的，因此，
到了劉宋末葉，中書省乃成爲詔命的發佈中樞與文武權貴商議軍國大政的會
場。〔註 44〕至齊遂有「舍人省」、「四戶」之號，詔命幾乎不再經「中書」而
專出「舍人省」了。〔註 45〕

〔註44〕《南齊書》卷一〈高帝本紀〉上：
　　　元徽二年五月，（桂陽王休範）舉兵於尋陽……朝廷惶駭。太祖與護軍褚淵、
　　　征北張永、領軍劉勔、僕射劉秉、游擊將軍戴明寶、驍騎將軍阮佃夫、右軍
　　　將軍王道隆、中書舍人孫千齡、員外郎楊運長集中書省計議，莫有言者……
　　　因索筆下議，並注同。（頁 7）
〔註45〕「舍人省」語見《南齊書》卷五六〈倖臣·呂文顯傳〉：
　　　文顯治事以刻覈被知……與茹法亮等迭出入爲舍人，並見親倖……尋爲司徒
　　　中兵參軍，淮南太守，直舍人省。（頁 978）
　　　〈倖臣傳〉序亦云：

齊初亦用久勞，及以親信。關讞表啓，發署詔敕。頗涉辭翰者亦爲詔文，侍郎之局復見侵矣。建武世，詔命殆不關中書，專出舍人。省內舍人四人，所直四省，其下有主書令史，舊用武官，宋改文吏，人數無員。莫非左右要密，天下文簿板籍，入副其省，萬機嚴秘，有如尚書外司。（頁972）

但若將句點斷在「省」字之下，則成爲「專出舍人省。內舍人四人」；宮崎市定於〈寒官の發達〉一節中引述這段史文時，即作如此解釋（《九品官人法の研究》，頁294）。證諸〈呂文顯傳〉，則宮崎之説似乎較爲可信。

「四戶」一詞出自《南史》卷七七〈呂文顯傳〉：

永明元年……時中書舍人四人各住一省，世謂之四戶，既總秉權，勢傾天下……舍人茹法亮於眾中語人曰：「何須覓外祿，此一戶內年辦百萬。」蓋約言之也。其後玄象失度，史官奏宜修祈禳之禮。王儉聞之，謂上曰：「天文乖忤，此禍由四戶。」（頁1932）

《大唐六典》卷九〈中書省・中書舍人〉條也有「四戶」之説；
而《南齊書》〈倖臣傳〉文義中似亦有提及（「所直四省」）只是未明白指出而已。

第七章 結 論

　　中國自從秦、漢大一統帝國建立以來，大抵上多實著近於中央集權的君主專制政治，而治理廣土眾民的龐大帝國的專制君主，除了憑恃著武力的鎮壓與刑法的賞罰爲統治工具外，官僚制度（bureaucracy）更是其所不可或缺的一套行政機器，沒有這套機器君權本身即無法發揮；而由官紳階級所組成的官僚體系，精於管理技術，組織龐大而有效率，是維繫中國社會結構安定達二千年的最重要因素。〔註1〕在理論上，官僚制度最初雖然也是在君主授權之下建立起來的，但它產生之後，本身即爲一客觀的存在，有它自己的發展和運作的軌道，不再完全隨君主的主觀願望而轉移了。〔註2〕就官僚制度本身而言，原是含有相當程度的理性成份，只是在史實上，這套機器的總發動機不在官僚制度本身，而實操之於皇帝一人之手（皇帝擁有最後的決定權），皇帝的權力是沒有任何具體的制度可加以限制的，人臣雖可以個別的或集體的向皇帝提出意見，但接不接受依然是取決於皇帝的意志，無任何力量可對皇帝的意志能加以強制；皇帝一念之差及其見聞知識的限制，便可使整個機構的活動爲之狂亂，而官僚制度中合乎理性的部份，也勢必被其糟蹋、破壞。〔註3〕

〔註1〕 Etienne Balazs：”Chineses Civilizstion and Bureaucracy”。參照《食貨月刊》七卷四期書評，頁39，總頁189。

〔註2〕 參照余英時：〈君尊臣卑下的君權與相權〉；收在《歷史與思想》，頁52。

〔註3〕 參照徐復觀：〈封建政治社會的崩潰及典型專制政治的成立〉；收在《周秦漢政治社會結構之研究》，頁134～135。
　　又同註2，余英時也有與徐復觀相接近的看法：官僚制度畢竟祇是傳統政治體系中的一部機器，它本身在很大的程度上仍是受君權操縱的。它祇能要求操縱者遵守機器運行的合理軌道，但是卻無力阻止操縱者運用這部機器去達成甚至是相當不合理的任務。（頁53）

　　古今的專制君主常把天下當作私人的產業，政權延續的考慮總是最爲優先，因此只肯從權力的觀點去看官僚制度，於是官僚制度的客觀化，在其感受上即是權力的客觀化；而權力的客觀化，即是權力離開了專制君主，乃不惜破壞官制的客觀化，使它不能客觀地發揮作用〔註4〕由於相權是處在官僚制度運作上的樞紐地位，因此每一次重大的調整便導致宰相制度的變更。根據余英時的說法，近代最先揭發此一歷史眞相的學者是章太炎，而近數十年來關於中國官制的研究大體上也都傾向於支持他的斷案。〔註5〕李俊在其所撰《中國宰相制度》一書的結論，對宰相制度的發展作了如下的總結：

　　　　中國宰相制度，代不相同，然相因而變，有其趨勢，亦有其法則。

　　　　趨勢維何？時代愈前，相權愈重；時代愈後，相權愈輕，法則爲何？

　　　　君主近臣，代起執政，品位既高，退居閒曹是也。（頁239）

　　在中國傳統的專制政治中，宰相一職在事實上是不可缺的，然而一旦制度化後即被賦予若干客觀存在的意義，而每當它發展到具有某種程度的客觀形式時，君權便要出來摧毀宰相在制度上的客觀地位，而以皇帝身旁地位低微的私臣去執行宰相的實權；執行久了，原來在地位上本是與宰相懸隔的，也慢慢被承認其爲宰相，因而取得官制上的若干客觀地位；於是後起的專制者又把它虛懸起來，重新使用低微的近臣代替。〔註6〕如此後浪推前浪式的往復不已。

　　1942年日本學者和田清主編了一部由各朝代專家分章撰寫的《支那官制發達史》，他本人寫了一篇很有見解的〈序說〉，除將中國制度沿革的大勢概分爲五期（即：先秦時代、秦漢至魏晉南北朝時代、隋唐至宋遼金元時代、明清時代、清末至民國）以外，並舉出中國官制的三種特色加以綜論之，第一個特色便叫作「波紋式的循環發生」，第二個特色是「官制的重複」，第三個特色的「一代比一代濃厚的儒教影響」。〔註7〕所謂「波紋式的循環發生」者，據和田清的陳述是：

　　　　天子側近的私的微臣漸次得到權力，壓倒站在表層的大官，不久取
　　　　而代之，在他的裏面又生出私的實權者，發達而成爲表層的大官，

〔註4〕　參照從徐復觀：〈漢代一人專制政治下的官制演變〉；收《周秦漢政治社會結構之研究》，頁268。

〔註5〕　同註2，頁53～54。

〔註6〕　同註4，頁268～269。

〔註7〕　和田清編著《支那官制發達史》，〈序說〉，頁2～14。

不斷地反復者。（頁4）

此外，官崎市定在《中國官制の發達》一文中也有類似的論述。〔註8〕這幾位
中日學者都一致認爲，由私臣轉化爲公職是官僚制度發展的模式之一，因爲
任何原屬於君主私臣的職位，在被長期移置於「百官之長、群僚之首」的地
位之後，原有的私臣性質便逐漸發生變化，終於轉成官僚制度中的「公職」，
而具有一定程度的客觀化、制度化的地位和權力。所以在歷史上，君主必須
一再地重複起用私臣、近臣來取代品位既高的宰相。例如秦漢之際以丞相（地
位更崇高者又被尊稱爲「相國」）總攬庶政，但在漢代，尚書漸篡奪了丞相的
權力；到了曹魏時，尚書省已正式代替了漢代丞相府的地位，而它復爲中書
長官所取代；再發展下去，門下侍中又漸掌握實權了；南北朝時尚書、中書、
門下並稱三省，以及於隋唐，乃成爲正式的宰相機構。本文即以前述「私臣
轉化爲公職」的觀念，來研究劉宋時代（中書監令掌權已兩百年〔註9〕），中
書省在官僚制度與君權的調整中，到底是站在怎樣的特殊地位。

「中書」之名源於西漢之「中尚書」，「中」是指侍奉皇帝生活起居的宦
者中人而言，由於漢武帝遊宴後廷，乃特以宦臣來執行尚書的職務，而稱之
爲「中尚書」，簡稱「中書」。漢代的中書與尚書之區別，只在於擔任者的身
分不同，而與皇帝的關係有遠近之分，實際上是爲漢武帝一時的方便所形成
的疊床架屋的官職。漢昭帝時霍光以大司馬大將軍「領尚書事」，接收了中書
令所領的職權；漢宣帝、元帝之世，權力又回到中書手中，中書令石顯貴倖
傾朝；〔註10〕漢成帝即位，以外戚王鳳領尚書事，建始四年罷中書宦者，使

〔註8〕 宮崎市定：《中國官制の發達──古代より唐＊至る》第二節〈中央政府の變
　　　　遷〉；《歷史教育》一三卷六期，頁29～31。
〔註9〕 魏文帝（曹丕）黃初元年爲公元220年，宋武帝（劉裕）永初元年正好是公
　　　　元420年。
〔註10〕《漢書》卷七八〈蕭望之傳〉：
　　　　初宣帝不甚從儒術，任用法律，而中書宦官用事。中書令弘恭、石顯久典樞
　　　　機，明習文法，亦與車騎將軍高（史高，外戚）爲表裏。（頁3284）
　　　　卷九三〈佞倖傳〉：
　　　　是時元帝被疾，不親政事，方隆好於音樂。以顯久典事，中人無外黨，精專
　　　　可信任，遂委以政。事無大小，因顯白決；貴倖傾朝，百僚皆敬事顯……繇
　　　　是大與顯忤。後皆害焉，望之自殺，堪、更生廢錮……至是公卿以下畏顯，
　　　　重足一迹。（頁3726～3727）
　　　　卷三六〈楚元王傳〉：
　　　　顯幹（師古曰：幹與管同）尚書事；尚書五人皆其黨也，堪（周堪，領尚書

尚書的體制大爲整備，從此以後直至東漢末年皆不再設中書之職。《文獻通考》
卷五〇，引司馬光之上言曰：

> 及魏武佐漢，初建魏國，置秘書令，典尚書奏事。文帝受禪，改秘
> 書爲中書，有令有監，而亦不廢尚書，然中書親近而尚書疏外矣。
> 〔註11〕

從魏文帝改秘書爲中書之後，中書省便負責起草文書、掌管詔令，同時其長
官中書監令成爲事實上的宰相之職，〔註12〕但直到東晉王導爲中書監之後才
取得名義上的宰相地位。

自東晉以來，中書監令已成爲宰臣所必兼領的名號，君主又漸與左右近
侍之臣（如侍中、散騎常侍等）商議政事，並以中書侍郎（中書省次官，其
職務爲「副掌王言」「入直從駕」）「直西省」管司詔誥，謂之「西省郎」，中
書侍郎因而日益華貴；且東晉君權不振，單拜中書監令者亦復優游無事。劉
宋時代，中書監令與中書侍郎終成爲門閥世族所樂居的「清職」。

東晉末年，桓玄以荊楚的實力東下，輕易地簒奪了政權，寒門出身的劉
裕結合了剛被桓玄解散的北府兵，於京口、廣陵兩地起義，消滅桓氏的勢力，
再告司馬氏的皇祚，但東晉的軍、政大權也逐步落入劉裕的掌握中。劉裕以
一出身寒微的北府將領，建立了倡義復興的大功，遂憑其軍勳爲徐州刺史，
先以方鎮開府而控制了北府軍權，繼則以武力作後盾而入輔朝政，自爲揚州
刺史、錄尚書事，完成對朝廷及地方州郡的控制，進而爲南朝的君權開拓了
一條軍事獨裁的新出路。〔註13〕義熙七年，劉裕依東晉以來相權新型態的傳
統，兼領中書監，又安插其親信僚佐以「西省郎」的名義入值西省，代他實
際處理詔命職務；義熙十二年劉裕率軍北伐，攻下洛陽，晉帝乃進劉裕爲相
國，並封他爲宋公，禪代的局面已成，劉裕便不再兼領中書監了。而劉裕所
安置的西省郎中以傅亮最被倚重，且在西省「典掌詔命」的時間最久，當劉
裕建置宋國百官時，乃以傅亮爲宋國中書令，晉宋禪代之際，宋國方面的表
策文誥悉出於傅亮的手筆。

事）希得見，常因顯白事，事決顯口。（頁1948）
〔註11〕 載於《溫國文正司馬公文集》卷五五〈乞合兩省爲一箚子〉；《文獻通考》頁
455。
〔註12〕 參照內藤乾吉：〈唐の三省〉，《史林》一五卷四號，頁32～34，總頁534～536。
〔註13〕 南朝君主多專以武力奪取並維持其君權，在表面上尊重並保護門閥世族的利
益，實際上卻將權力委諸側近的私臣，以遂行其獨裁統治。

　　劉宋王朝成立，傅亮爲中書令如故，並「入直中書省，專典詔命」，挾其佐命元勳及新朝天子親信的威勢而「任總國權」，永初二年更加領尙書僕射，權位更爲顯赫，劉裕臨終以徐羨之、傅亮、謝晦爲太子劉義符（少帝）輔政，少帝即位，徐羨之以司空、錄尙書事、散騎常侍、揚州刺史等官銜爲揆首，傅亮進爲中書監、尙書令（景平二年又兼護軍將軍），謝晦繼爲中書令兼領軍將軍；三人共同執政，與少帝的君權發生衝突，最後演成廢立之局。由於傅、謝二人威權極重，並兼領行政權與禁衛軍，乃得以將中書監令的職權發揮到極致，完全控制了詔命機構。宋文帝入繼皇統，爲削奪徐、傅等的權勢，又將執掌內樞機衡的權力移轉到門下省，元嘉三年傅亮等人終於勢敗被誅；於是，顯赫一時的中書監令乃退居閒散之位，而由門下省取代之，元嘉之世侍中多被「任以機密」，時人且以宰相視之。但中書監令的權勢雖失，又常懸闕不置，在表面上卻仍具有宰相之地位，除授尙重，爲中書監令者非宗室親王即爲門閥世族，且多爲資深文官或具有宰相人選資格者，中葉以後有一度幾乎失去了其作爲宰相名號的地位，宋末選授又復重，多以門第極高的世族任之。

　　中書侍郎與中書通事舍人在劉宋以前，其職務原無差別，所掌皆類似於「呈奏案章」的性質。東晉初年改中書侍郎爲「通事郎」，同時又將西晉初年所新置的舍人、通事兩官合併爲「通事舍人」；但不久通事郎恢復爲中書侍郎，其後又省併通事舍人，其職務自然全歸中書侍郎，故「中書差侍郎一人直西省，又掌詔命」。但宋初又置中書通事舍人，且權力逐漸膨脹，而侍郎之任遂轉輕，成爲名義上是天子侍臣，實際上卻是遠離政政權力的榮譽職，加以品位較高（五品）、權力較輕，符合門閥世族喜歡擔任「職閒廩重」之「清官」的要求，因此劉宋中葉以前，中書侍郎幾乎全爲世族所籠斷；中葉以後選授較雜，非世族出任中書侍郎的機會漸多。又元嘉時期，中書侍郎常與門下省的黃門、散騎諸郎互兼、互遷，顯示兩省職事常有混淆，而中書省的機要職權遂移至門下省。

　　魏晉之初的中書，原只有皇帝私人的秘書機構的性質，其後位望日隆，監令與侍郎遂由皇帝側近的「私臣」蔚爲朝廷的「公職」；宋初復置中書通事舍人（七品），入值閣內，再度成爲受皇帝差遣使役的「私臣」，宋孝武帝即位以後，遂以中書通事舍人爲「腹心耳目」之寄，其下有由武官改用文吏的主書等僚屬，而在內殿成立新的直屬於皇帝的秘書機構（名義上仍隸中書省），於是，中書通事舍人擁有「威行內外」「亞於人主」的權勢，進而侵蝕了尙書省的行政權，一直到宋末蕭道成掌權以後，這種情況才有改變，但蕭齊政權成立，中書通事舍

人的權勢又更加龐大，遂演成「四戶」權傾天下的局面。

　　余英時在〈君奪臣卑下的君權與相權〉一文中，曾經提到：

> 君權是獨佔性最強烈的東西，除非萬不得已皇帝對於他使用不盡的
> 權力決不肯交給宰相，而寧可讓他的宮奴去分享。這就是自漢至明，
> 宦臣之禍所以始終不斷的癥結所在……在「君尊臣卑」的原則下，
> 皇帝祇有用至卑至賤的宮奴爲他辦事才絕對不致有君權外流，一去
> 不返的危險。〔註14〕

但宋孝武帝、明帝既「主威獨運」「權不外假」，何以不將權力委之宦官，而由其側近的私臣分享？筆者認爲除了受東漢宦官之禍的教訓，及宋武帝（劉裕）所制定的「後世若有幼主，朝事一委宰相，母后不煩臨朝」的遺命影響外，最主要是因當時爲門閥社會的極盛時期，士庶之別如同天隔，出身寒微的私臣在階層分明、嚴別貴賤的社會背景下，其地位簡直如同「至卑至賤的宮奴」一般；何況他們多半是獨裁君主的藩府舊僚，又有擁立之功，且世族既「以文義自逸」而「罕關庶務」，君主也有意要壓抑世族，乃以寒門典掌機要，中書通事舍人遂以皇帝的秘書長之名義，代皇帝去行使那「使用不盡的權力」。正因爲中書通事舍人的權力寄生於皇權之下，當他們與君權起衝突或君權萎縮時，便會毫無抵抗能力地任憑處分，所以皇帝可以放心地引用官卑地微、易於駕御且又有才幹的寒人來爲他辦事，而不必擔心君權外流的危險。

　　南齊承劉宋遺緒，以中書通事舍人四人各住一省，時謂之「四戶」，權勢盛極一時。但其時通事舍人之專權擅勢者，如紀僧眞、劉係宗皆門戶低賤而起自寒官，呂文顯、茹法亮亦均起自小吏，歷齋幹執行之職；及至以士流爲之反無權利。〔註15〕《南齊書》卷五六〈倖臣·呂文度傳〉：

> 時茹法亮掌雜驅使簿，及宣通密敕；呂文顯掌穀帛事；其餘舍人無
> 別任……濟陽江瞿曇、吳與沈徽孚等，以士流舍人通事而已，無權
> 利。（頁978～979）

而梁代用人殊重，簡以才能，不限資地，多以他官兼領，其後除「通事」直曰「中書舍人」。〔註16〕《通典》卷二一〈職官〉三，中書省條：

〔註14〕 同註1，頁68～69。
〔註15〕 參照曾資生：《中國政治制度史》第三冊，第三篇第四章第四節「中書通事舍人」，頁189。
〔註16〕 《通典》卷二一〈職官〉三，中書令條，頁125。

> 梁陳時凡國之政事並由中書省，省有中書舍人五人，領主書十人、
> 書吏二百人（原註：書吏不足扞取助書），分掌二十一局事，各當尚
> 書諸曹，並爲上司，總國內機要，而尚書唯聽受而已，被委此官，
> 多擅威勢。（頁 124～125）

但這時期的中書監令反而變得清華貴重而無事任，多以大臣領之。隋初改中書
爲內史，並廢監置令二人；唐武德三年（620）又改爲中書令，以中書令、尚書
令（常缺員，由左右僕射代理）、侍中等三省長官並爲正宰相。唐初的三省制乃
是集中國古來官制之大成，爲中國官制最完備的時代。中書省之重要職務爲起
草詔敕命令及進奏表章，然而據《大唐六典》卷九的記載，詔命之起草專爲中
書舍人的職掌，商量所進奏的表章之可否也是其掌管的範圍；由於其他省內的
實務皆在其手中，因此中書省之實權乃歸於中書舍人。中書舍人六人中之年資
深者也稱爲「閣老」（《六典》注），事實上爲中書省的長老。[註17] 又同前引《通
典》卷二一：

> （中書舍人）專掌詔誥，侍從署敕，宣旨勞問，授納訴訟，敷奏文表，
> 分判省事。自永滬（淳）已來，天下文章道盛，臺閣髦彥無不以文章
> 達，故中書舍人爲文士之極任，朝廷之盛選，諸官莫比焉。（頁 126）

唐代中書舍人爲文士之極任，當可溯源至宋孝武帝時期中書通事舍人的專權
用事；而唐代中書舍人六押判事制度，[註18] 更深遠地影響到後世，如明朝
的六科給事中即爲一例。

〔註17〕 同註12，頁 30～38，總頁 532～540。
〔註18〕 同本文第一章註3。

參考文獻

一、史 科

1. 《宋書》,〔梁〕沈約撰,台北,鼎文書局。
2. 《南齊書》,〔梁〕蕭子顯撰,台北,鼎文書局。
3. 《梁書》,〔唐〕姚思廉撰,台北,鼎文書局。
4. 《陳書》,〔唐〕姚思廉撰,台北,鼎文書局。
5. 《南史》,〔唐〕李延壽撰,台北,鼎文書局。
6. 《北史》,〔唐〕李延壽撰,台北,鼎文書局。
7. 《漢書》,〔漢〕班固撰,台北,鼎文書局。
8. 《後漢書》,〔劉宋〕范曄撰,台北,鼎文書局。
9. 《三國志》,〔晉〕陳壽撰,〔劉宋〕裴松之注,台北,鼎文書局。
10. 《晉書》,〔唐〕房玄齡等撰,台北,鼎文書局。
11. 《新唐書》,〔宋〕歐陽修、宋祁撰,台北,鼎文書局。
12. 《資治通鑑》,〔宋〕司馬光撰,台北,明倫出版社。
13. 《大唐六典》,唐玄宗御撰,台北,文海出版社。
14. 《通典》,〔唐〕杜佑撰,台北,台灣商務印書館。
15. 《文獻通考》,〔元〕馬端臨撰,台北,台灣商務印書館。
16. 《歷代職官表》,〔清〕黃本驥編,台北,國史研究室。
17. 《初學記》,〔唐〕徐堅撰,台北,新興書局。
18. 《北堂書鈔》,〔唐〕虞世南撰,台北,文海出版社。
19. 《太平御覽》,〔宋〕李昉撰,台北,粹文堂。
20. 《容齋隨筆五集》,〔宋〕洪邁撰,台北,台灣商務印書館。

21. 《漢官六種》，四部備要（史部），上海，中華書局。
22. 《歷代史表》，〔清〕萬斯同撰，四部備要（史部），上海，中華書局。
23. 《增補六臣注文選》，〔梁〕昭明太子編，台北，華正書局。
24. 《世說新語校箋》，〔劉宋〕劉義慶撰，楊勇校箋，台北，文光出版社。

二、專　書

1. 《中國宰相制度》，李俊，台北，台灣商務印書館，民國 55 年。
2. 《中國政治制度史》，曾資生，香港，龍門書局，民國 58 年。
3. 《周秦漢政治社會結構之研究》，徐復觀，香港，新亞研究所，民國 61。
4. 《歷史與思想》，余英時，台北，聯經出版社。
5. 《中國地方行政制度史》，嚴耕望，台北，中央研究院歷史語言研究所專刊之 45。
6. 《北魏中書省考》，鄭欽仁，台北，台大文史叢刊之 14，民國 54 年。
7. 《北魏官僚機構研究》，鄭欽仁，台北，牧童出版社，民國 65 年。
8. 《中古門第論集》，何啓民，台北，學生書局，民國 67 年。
9. 《兩晉南北朝士族政治之研究》，毛漢光，台北，中國學術著作獎助委員會，民國 55 年。
10. 《九品官人法の研究》，宮崎市定，京都，京都大學東洋史研究會，昭和 31 年。
11. 《六朝史研究》，宮川尚志，東京，日本學術振興會，1956 年。
12. 《支那官制發達史》，和田清，中華民國法制史研究會，1942 年。
13. 《魏晉南北朝史論集》，周一良，上海，中華書局，1963 年。

三、論　文（已收入個人論文集不錄）

1. 《兩晉三省制度之淵源、特色及其演變》，陳啓雲，新亞學報三卷 3 期。
2. 《劉宋時代尚書省權勢之演變》，陳啓雲，新亞學報四卷 1 期。
3. 《唐代三省制之發展研究》，孫國棟，新亞學報三卷 1 期。
4. 《漢代尚書官》，鎌田重雄撰，鄭欽仁譯，大陸雜誌三八卷 1 號。
5. 《南朝士族之社會地位與政治權力》（上），劉宋（公元 420 至 479），陶希聖，食貨月刊四卷 8 期。
6. 《劉宋政權の成立と寒門武人》，川勝義雄，東方學報 36 期。
7. 《中國官制の發達——古代より唐に至る》，宮崎市定，歷史教育一三卷 6 號。

8.　《唐の三省》，內藤乾吉，史林一五卷 4 號。

9.　《漢魏中書》楊鴻年，文史 2 期。

10.　《魏晉南北朝之尚書》，張涊雲，政治大學學報 8 期。

11.　《五朝軍權轉移及其對政局之影響》，毛漢光，清華學報八卷 1、2 期。

12.　《南朝の清官と濁官》，越智重明，史淵 98 號。

13.　《南朝の寒門・寒人問題について——モの研究史的考察》，內藤あゆち，名古屋大學東洋史研究報告第 4 號。

14.　Etienne Balazs: "Chinese Civilizstion and Bureaucracy"（參閱《食貨月刊》七卷 4 期書評）。